열두 번의 음성과 열세 번의 환상

열두 번의 음성과 열세 번의 환상

발행	2025년 11월 20일
3쇄발행	2025년 12월 3일
지은이	손현보
발행인	윤상문
편집인	이은혜, 이대순
디자인	표소영
발행처	킹덤북스
등록	제2009-29호(2009년 10월 19일)
주소	경기도 용인시 기흥구 동백동 622-2
문의	전화 031-275-0196 팩스 031-275-0296

ISBN 979-11-5886-351-7   03230

Copyright ⓒ 2025 손현보
이 책은 저작권법에 따라 보호받는 저작물이므로 무단전재와 복제를 금지하며,
이 책의 내용의 전부 또는 일부를 이용하려면 반드시 저작권자와 킹덤북스의
서면 동의를 받아야 합니다.

※ 잘못된 책은 구입한 곳에서 교환하여 드립니다.
※ 책 가격은 표지 뒷면에 있습니다.

킹덤북스
Kingdom Books

킹덤북스(Kingdom Books)는 문서 사역을 통해 하나님의 나라를 확장하고,
한국 교회와 세계 교회를 섬기고자 설립된 출판사입니다.

열세 번의 환상
열두 번의 음성과

손현보 지음

킹덤북스

(목차)

들어가는 말   07

01. 바위에 깔려 죽음 앞에서 하나님을 고백하다 ——— 12
02. 하나님께서 직접 깨워주셨다 ——————————— 21
03. 날마다 기적! 아 이런 것이 믿음이구나! ————— 26
04. 믿음은 일상을 기적으로 만든다 ————————— 32
05. 날씨도 하나님의 손에 있다 ——————————— 34
06. 중단된 교회 건축 때 일어난 환상과 기적 ———— 37
07. 고등학교 자퇴와 복학의 기적 —————————— 40
08. 주일날 졸업 여행과 기적 ———————————— 45
09. 네 앞서 내 사자를 보내어 너를 인도할 것이다 —— 47
10. 수박 장사, 생명을 살리다 ———————————— 49
11. 미래를 들려주시는 하나님 ———————————— 55
12. 지옥 환상 - 목회를 꿈꾸며 ——————————— 62
13. 절에서 신학대학을 다니다 ———————————— 72
14. 20살짜리 전도사 ———————————————— 85
15. 전 교인 100% 새벽 기도에 출석하다 —————— 90
16. 예배 시간에 끌려 나가는 여학생, 아내가 되다 —— 92
17. 전 부대를 저에게 주십시오 ——————————— 95

열두 번의 음성과 열세 번의 환상

18. 701 특공대 - 죽음도 두렵지 않았다	98
19. 1월 1일 새벽에 부대장 관사를 찾아가 전도하다	112
20. 최초의 육군 병사 도서관! 하루 만에 4천 권의 책을 모으다	117
21. 10만 원으로, 5일 만에 결혼	124
22. 사례만으로 살기로 아내와 약속하다	130
23. 교회를 옮겨라	134
24. 병원에서의 기적 - 3만 원의 기적	140
25. 세계로교회 부임 - 역사가 시작되다	142
26. 전도 목표 100명과 영적 전투	145
27. 서원 - 내 평생에 어떤 예배를 드려도 사례나 차비를 받지 않겠습니다	150
28. 윤 장로는 내가 보낸 너의 조교다	153
29. 천국 환상, 여기가 거룩한 새 예루살렘이다	159
30. 국회 의사당만 한 교회	164
31. 5000평을 사다니?	172
32. 시골 교회에서 5500명 들어가는 교회로	179
33. 코로나19와 20번의 고소 고발	182
34. 기적의 비전 센터 - 다음 세대를 위하여	192
35. 비전 센터가 학교로 바뀌는 기적	201

36. 모든 태풍이 비켜가고 —————————————— 205
37. 학교를 위하여 모든 것을 준비하신 하나님 ————— 208
38. 10.27 차별금지법 반대 200만 국가 기도회 ————— 214
39. 각 총회에서 결의, 한국 교회 역사상 한 번도 없었던 일 —— 226
40. 전국 각지 교회를 돌며 호소하다 ————————— 229
41. 광화문에서 서울역, 그리고 여의도 100만과 ———— 235
유튜브 140만의 기적
42. 특새 때 임한 불 ———————————————— 244
43. 계엄과 탄핵 —————————————————— 247
44. 탄핵과 사법 절차에 대한 의문 —————————— 249
45. 세이브 코리아 ————————————————— 254
46. 교육감 보궐 선거, 그리고 구속 —————————— 264
47. 의인 한 명이 없어서 망했던 예루살렘 ——————— 267
48. 교회와 정치에 대한 논란 ————————————— 270
49. 정치와 종교는 분리될 수가 없다 —————————— 275

들어가는 말

 나는 지금 부산 주례 구치소 독방에 들어온 지 29일째이고, 추석이다. 나는 죽기 전에 하나님께서 나에게 직접 말씀하시고 인도하신 신기하고 놀라운 역사를 꼭 기록하고 싶었다. 하나님은 죄인인 나에게 직접 12번을 말씀하셨고, 13번의 꿈과 환상을 통하여 미래의 일들을 보여주셨다. 나는 오직 그 말씀을 따라 선포했고, 하나님은 그대로 이루어 주셨다. 수많은 기적과 기도 응답은 살아계신 하나님을 체험하는 동기가 되었다. 그래서 나는 누구도 두려워하지 않았고, 언제나 담대할 수 있었다.

 특공대에서 주일을 지키고 소대 전원을 전도하고, 새벽에 부대장 관사를 찾아가 전도를 했다.

죽는 것도 두렵지 않았다. 하나님은 늘 함께하셨다. 내가 읽었던 그 어떤 책 속에서도 이런 하나님을 만나보지 못했다. 가장 보수적인 고신 교단 목사인데 가장 놀랍고 신비한 능력들을 보여주셨다. 수많은 집회를 인도했지만 다른 사람들의 간증을 예로 들어본 적은 거의 없다. 하나님께서 내게 주신 기적보다 더 깊은 감동이 없었기 때문이다. 교회에서 나의 간증을 반복했지만 언제나 감동 그 자체였다. 20~30명의 세계로교회에 부임하여 주민들도 없는 곳에서 수천 명을 전도하여 오늘의 세계로교회가 되었고, 5년 만에 한 번씩 본당을 새로 지어 다섯 번째까지 이르렀다. 이 모든 것은 살아계신 하나님께서 하셨다. 그 증거가 바로 이 책이다. 그래서 꼭 글로 남기고 싶었다.

앞부분에는 고등학교 때 일어난 기적, 그 자체를 사건 있는 그대로 담았다. 이것은 청소년들에게도 하나님께서 어떤 큰 역사를 이루실 수 있음을 알려주기 위하여 기록했다. 이 책은 연대기적으로 기록되었다. 감옥이라 자료가 없어서 정확한 년도와 날짜를 알 수가 없기에 대략적으로 기술했다. 지난번 『목사님 전도가 너무 쉬워요』 책 판매 수익금 전액이 노인들 백내장과 눈에 관한 수술 비용으로 쓰여졌는데 9천여 명이 무료로 수술을 받았다. 이번에 출간되는 이 책의 판매 수익금 전액은 청소년들을 위하여 사용될 것이다. 하나님은 누구나 쓰신다. 그것은 하나님의 은혜요, 긍휼이다. 부산 주례 구치소에서 추석 연휴 5일 동안 하나님께서 기도에 응답하신 사건을 기록하였는데 이 책을 통하여 오직 하나님께만 영광을 돌리고 싶다!

저자 손현보 목사

열세 번의 환상과 열두 번의 음성

01

바위에 깔려 죽음 앞에서 하나님을 고백하다

나는 경남 김해 무척산 아래 생철 마을에서 태어났다. 어머니는 아버지의 둘째 부인으로 들어왔고 네 명의 자녀를 출산했다. 그런데 아버지는 47세의 나이에 병으로 돌아가셨다. 그때 내 나이 4살이었고, 막내였던 나는 아버지가 어떻게 생기셨는지 기억도 없고 모습도 전혀 떠오르지 않는다. 아버지가 돌아가시고 나자 그 마을과 아무 연고도 없으셨던 어머니는 그 마을을 떠나야 했으나 어린아이들 때문에 그곳에 정착해서 계속 살았다. 당시 집도 없고, 밭도 없고, 자식들만 딸린 젊은 과부가 살아가기에는 너무나 어렵고 힘든 하루하루였다.

어머니는 먼 친척 할머니의 작은 방 한 칸을 빌려서 그냥 살았다. 부엌도 없었고, 마루도 없었고, 그냥 헛간 같은 방 한 칸만 있었는데 흙벽에다 종이를 발라서 그냥 살았다. 아무것도 가지지 못한 여인이 아이들 4명을 데리고 산다는 것은 사는 것이 아니었고 참으로 가난하고 고단한 삶이었다. 하루하루 생존 투쟁의 연속이었다. 어제가 어머니께서 소천하신 지 10주년이다. 추석 전날이었다. 나는 차를 타고 가다가도 어머니 생각만 하면 언제나 눈물이 난다. 어떻게 그렇게 힘든 인생을 살았을까? 그것을 어찌 견뎌낼 수 있었을까? 어머니의 고생은 지면에 도저히 다 쓸 수가 없다. 돈 만원도 없이 날마다 먹고 사는 문제로 생존에 내몰린 집을 누가 알겠는가? 누나는 초등학교를 졸업하고 바로 13살의 나이에 남의 집 식모로 들어갔고, 작은 누나와 형도 공장으로 다 일하러 갔다. 아무것도 없는 집에서는 매일 필요한 돈을 이웃집에서 빌려 갚아야 됐고, 죽지 않기 위해 살아야 했다.

"등골이 빠진다", "어깨가 둘러 빠지고", "골병 들고", "쎄(혀)가 빠지게 일하고", "허리가 끊어지는 것 같다." 얼마나 인생이 고달팠으면 어머니는 이런 말을 입에 달고 살았을까? 이것은 당시 과부가 자식을 위해 살아야 하는 거짓 없는 삶의 치열한 실존이었다. 나도 초등학교 3학년 때부터 남의 집에 가서 머슴처럼 일하고 살았다. 그게 우리 가족의 삶이었다. 중학교 2학년 때 막내인 나는 어머니와 함께 살았다. 그런데 어느 날 학교에 가려고 교복을 입고 기둥에 덜렁거리는 거울 앞에 섰는데 그 모습이 너무나 초라하고 불쌍해 보였다. 무엇보다 나에게는 희망이란 눈곱만큼도 찾아볼 수 없었다. 인생을 어렵고 힘들게 살면 철이 빨리 든다고 했다. 나에게는 미래가 조금도 보이지 않았다. 그 생각을 하자, 나도 모르게 갑자기 눈물이 와락 쏟아져 내렸다.

나는 그날 태어나 처음으로 생철 교회를 갔다. 나를 전도하려던 친구의 말을 생각하면서 수요 예배에 처음으로 참석했다. 그 작은 시골 교회는 예배당이 없었다. 그래서 전도사님 사택에서 예배를 드렸다. 작은 시골 마을에 사찰은 15개가 넘는데 교회는 초라하기 그지없었다. 교회는 갔지만 20명도 안 되는 교인들, 나이 많은 전도사님, 그래도 중·고등부는 5~6명쯤 되었다. 몇 달 뒤 중·고등부 학생회 임원을 선출했는데 나는 회계가 되었다. 믿음이라곤 하나도 없었지만 회장, 부회장, 총무, 서기 나는 자동으로 회계가 되었다. 그때 1500원의 회비를 넘겨받았는데 얼마 지나지 않아 학교에서 짤짤이를 하다가 다 잃어버리고 말았다. 믿음은 없었지만 양심은 살아 있었기에 부끄러워서 더 이상 교회를 나갈 수가 없었다.

교회 임원들이 몇 번 찾아왔으나 나는 만나지 않았고 일부러 피했다. 그 다음해, 중 3 여름 방학 때 부산에 놀러 가려고 친구들이랑 무척산에 산초를 따러 갔다. 이것을 팔아서 송도 해수욕장에 가려고 했다. 그런데 어느 골짜기에 바위들만 있는 곳에 산초가 한 그루 있었다. 그 산초 열매는 다른 산초와 다르게 노랗게, 빨갛게 익어 있었다. 나는 바위를 타고 올라가 한 바위 뒤에 있는 산초를 따려고 바위를 넘는 순간, 그 큰 바위가 나를 넘어뜨리고 나의 위로 나를 깔아뭉개고 계곡으로 굴러갔다. 순식간에 일어난 일이었다. 나는 순간 "이렇게 죽는구나! 교회 헌금 떼어 먹고 벌 받아 죽는구나"라는 생각이 번개처럼 스쳐 지나갔다. "지금 죽으면 지옥이다!"라는 생각이 순간 불현듯 내 영혼에 스며들었다. 나를 전도했던 친구 해근이가 달려왔다. 나는 친구를 보자 마자 이렇게 말했다.

"해근아! 나 예수 믿는다. 너도 들었지?"

작년에는 할아버지 전도사님의 말씀이 한마디도 귀에 들어오지 않았는데 순간 죽는다고 생각하니 "사람들 앞에서 자신의 믿음을 입으로 고백하고 시인해야 구원받는다"는 말이 떠올랐기 때문이었다. 그리고 그 말을 마치고 죽으려고 했는데 아직 죽지 않아서 한마디 더 했다.

"해근아, 내가 죽으면 불쌍한 우리 엄마한테 가서 예수님 꼭 믿으라고 전해라."

그러는 사이에 친구들이 올라와서 반나절 동안 함께 땄던 산초를 다 버리고 그 높은 산에서 죽어가는 나를 업고 내려왔다. 친구들은 방에 나를 눕혀 놓고는 다들 무서워서 재빨리 도망을 갔다. 나는 속이 메스꺼워 구토를 했는데 검붉은 피만 나왔고, 그 피는 나의 얼굴에 엉겨 붙었다.

손발이 제대로 움직이지 않아 손으로 닦을 수도 없었다. 저녁에 일터에서 돌아온 어머니는 나를 보고는 기절초풍을 하고 대성통곡을 했다.

더 이상 어머니의 슬픔과 통곡을 글로는 다 쓸 수가

없다. 이웃들도 죽어가는 나를 보고 혀를 차며 어머니를 위로했지만 위로가 될 수가 없었다. 어머니는 설탕물을 끓여와서 나에게 먹이더니

"너 하나 믿고 사는데 이놈아! 어떻게 이런 일이! 하늘도 무심하시지 남편 복 없는 년, 자식 복도 없다더니" 하면서 대성통곡하셨다.

나는 누워서 하나님께 이렇게 기도했다.
"하나님 어머니를 위해서라도 나를 살려주시면 주님만 위해 살겠습니다. 학생회 돈 떼어 먹고 벌 받아 죽는데 앞으로는 절대 그러지 않겠습니다."

그럼에도 불구하고 차도는 전혀 없었다. 불구가 되거나 죽는 길 외에는 다른 방법이 없어 보였다. 하루가 지나고, 이틀이 지나고 시간이 흘러 주일이 되었다.
새벽종소리에 눈을 떴다.
"하나님! 일어나게만 해주시면 교회를 갈 텐데 일어

나게 해 주십시오."

하지만 손발을 꼼짝도 할 수가 없었다. 그리고는 또 잠이 들었고, 아침에 눈을 떴다.

"일어날 수만 있으면 좋을 텐데… 하나님 우리 어머니를 생각해서라도 나를 한 번만 일으켜 주십시오." 간절히 기도했다.

그러고는 손을 움직여 보았다. 갑자기 손가락이 움직였다. 그리고 발가락도 움직였다. 나는 그냥 기적처럼 일어나 그날 교회를 갔다.

중 3 때 일어난 잊을 수 없는 생생한 일이다. 이런 일이 있은 후 교회를 갔을 때 전도사님은 그대로인데 말씀이 귀에 쏙쏙 들어왔다. 얼마나 놀랍고 신기했는지 모른다. 하나님의 말씀을 듣고 읽는 것이 그렇게 재미있고 좋을 수가 없었다. 그리고 얼마 후 나는 구원의 확신을 가지게 되었다. 그때부터 내 인생은 완전히 달라졌다.

"살아계신 하나님이 내 아버지다."라는 고백이 웅장하게 터져 나왔다.

아버지라는 이름을 한 번도 불러보지 못하고 자랐는데 이제 하나님이 나의 아버지시고 나는 그분의 아들이 되었으니 너무나 좋았다. 성경 말씀이 의심 없이 100% 믿어졌다. 나는 고등학교 입학을 앞두고 구정 명절 때 무척산 기도원에서 열리는 구정 집회에 참석했다. 어른들 대상이었으나 나는 강대상 밑 제일 앞에 앉아 예배를 드렸다. 돈이 없어 그 추운데도 산 정상 기도원에서 금식하면서 밤에는 이끼를 뜯어 바위에 깔고 목이 쉬어라 기도했다.

"살아계신 하나님! 나에게도 능력을 주십시오. 우리 가족 전부 다 예수님 믿게 해 주십시오. 하나님! 고등학교 올라가면 3년 동안 매일 새벽 기도를 2시간씩 하겠습니다. 나를 불쌍히 여겨 주십시오."

02

하나님께서 직접
깨워주셨다

1977년 3월 2일! 고등학교 입학 전날, 나는 잠자리에 들기 전에 엎드려 기도했다.

"하나님 내일부터 고등학교 3년 동안 매일 새벽 기도를 하겠습니다. 내일 일어나지 못하면 주님께서 깨워주십시오." 그러고는 잠자리에 들었다. 얼마나 잤을까? 눈을 떴는데 내가 자고 있는 모습이 보였다. 너무나 이상했다. "나는 여기 있는데 다른 내가 누워 자다니!" 그런데 그 순간 오른쪽에서 흰옷을 입은 분이 내가 자는 곳으로 가더니 나의 어깨를 툭툭 치면서 "현보야 일어나라!"고 하지 않는가.

나는 깜짝 놀라 일어났는데 깜깜한 밤, 아무도 없었다. 너무나 놀랐고 신기했다. 그날 새벽에 처음으로 새벽 기도를 갔다. 그리고 입학식을 마치고 그날 저녁 잠자리에서 또 기도했다.

"하나님 제가 일어나지 못하면 내일도 깨워주세요."

그리고 다음 날 어제와 꼭 같은 일이 일어났다.
내가 자고 있는 모습이 보였고, 흰옷을 입은 분이 등을 보이며 내가 자고 있는 곳으로 가더니

"현보야 일어나라!" 또 어깨를 만지듯이 나를 툭툭 쳤다. 나는 깜짝 놀라 일어났는데 아무도 없었다.

나는 어안이 벙벙하게 있다가 머리맡에 놓여져 있던 성경을 들고 일어서는데 갑자기 울음이 터지며 대성 통곡했다. 평생 동안 그렇게 크게 울어본 적이 없었다. 얼마나 큰 소리로 울었던지. 옆에서 주무시던 어머니께서 깜짝 놀라 "현보야 무슨 일이냐?"

"왜? 무슨 나쁜 꿈을 꾸었어?" 아니라고 했다.

나는 일어나서 산 밑에 있는 교회를 가는데 울음이 계속 멈추지 않아 대성통곡하며 교회를 갔다. 동네 사람들이 다 일어났다. 새벽 공기를 타고 울음은 온 마을에 울려 퍼졌고 집집마다 불이 켜지고 사람들은 다 일어났다. 이상하게도 그날부터 눈물이 멈추지 않았다. 학교 가는 차 안에서도 수업 시간에도, 눈물은 계속 흘러 내렸다. 수업을 하시던 선생님이 내게로 오셨다.

"너 왜 울어?"
"나는 모릅니다."

"뭐? 몰라? 누구한테 맞았어?"

"맞지 않았습니다."

"그럼 왜 울어?"

"저도 모릅니다."

"뭐야? 이 새끼가 장난치나?"

선생님은 출석부를 가지고 와서 나의 머리를 몇 번이나 내리쳤다. 그러나 그땐 나도 내가 왜 우는지 알 수가 없었다.

고 1, 3월 달에 네 번이나 하나님은 나를 찾아와 직접 깨워주셨다. 두 달이 지나도 눈물은 멈추지 않았다. 눈물이 계속 나니 닦느라고 이제는 눈꺼풀이 벗겨졌다.

"내가 왜 울지?" 어느 날 하나님께서 깨우침을 주셨다. 그때야 알았다. 지금까지 나는 하나님을 믿고 구원의 확신을 갖고 있었고, 기도하면 응답되는 줄 확실히 믿고 알고 있었지만, 실제 그분이 내 이름을 부르시며 찾아오실 줄은 꿈에도 몰랐다. 내가 다닌 초등학교, 중학교는 남녀공학이라 여학생은 내가 짝지(짝꿍)가 되면 선생님께 찾아가서 자리를 바꿔 달라고 부탁했다. 나는 가난하고 못생기고 더러워 기피 대상인데 하나님께서는 나를 직접 찾아오셨다. 이런 은혜를 생각하니 눈물이 나지 않을 수 없었다. 이 우주를 만드신 창조주 하나님께서 사람들이 기피하는 나를 기억하고 사랑하여 주시고 직접 찾아와 나의 아버지가 되어 주시니 나는 더 이상 세상이 겁나지도 무섭지도 않았다. 그래서 나를 찾아오시고 구원해 주신 주님을 위해 죽을 수 있다면 반드시 그렇게 해달라고 날마다 기도를 드렸다.

03

날마다 기적! 아 이런 것이 믿음이구나!

새로 부임해 오신 전도사님은 나의 열심을 보고 나를 주일 학교 설교 책임자로 세워 주셨다. 고등학생이지만 그 당시 사람이 없어서, 교회마다 열심히 믿고 잘 가르치는 젊은 집사들도 주일 학교 설교를 많이 했다. 그래도 고등학생인 나에게 설교를 맡기신 것은 아주 이례적이었다.

그런데 어느 날 나는 큰 믿음이 생겼다. 그래서 아이

들에게 설교했다.

"우리가 전도하고 하나님께 기도하면 하나님은 들어주실 것입니다.

오늘 17명이 왔는데, 다음 주에는 34명! 두 배가 되도록 기도합시다!"

우리가 하나님을 믿으면 하나님이 들어주실 것이라고 설교했다. 그리고 열심히 전도했다. 그런데 다음 주 정확히 34명이 왔다. 나와 선생님들, 학생들은 놀라워했고 나는 또 선포했다.

"다음 주에는 68명이 오도록 기도합시다. 들어주실 줄로 믿습니다."

하나님은 살아계시기에 믿으면 이루어 주실 것입니다. 모두 다 한 주간 열심히 전도했다. 그런데 토요일부터 비가 왔다. 다른 마을에 가서 전도를 했는데 비가 계속 오면 산을 넘고 들판을 가로질러 와야 하는데 과연 교회로 올 수 있을까? 전능하신 하나님의 능력을 신뢰하는 것보다 인간적인 생각이 지배하면서 내 영혼에 의심과 불신의 먹구름이 끼기 시작했다. 다음 날 주일 새벽! 장대 같은 비가 계속 내렸다. 나는 조바심이 났고 기도를 해도 비는 그치지 않았다. 그러다가 잠시 졸았는데 꿈을 꾸었다. 꿈속에는 교회 안에 아이들이 꽉 차 있었다. 그때 전도사님이 나오시더니

"오늘 여러분들이 이렇게 많이 온 것은 손 선생님이 기도했기 때문입니다."

나는 눈을 떴는데 비는 계속 오고 있었다. 주일 학교에 가야 되는데…

"이렇게 비가 계속 오는데 아이들이 오겠나?"

주일 학교 시간에 설교도 해야 되는데 아이들이 오지 않을 것이 너무나 명백했다.

그렇게 큰 소리로 크게 선포했는데... 배가 아픈 것 같기도 하고 실망감이 나를 짓눌러 결국은 주일 학교에 나가지 않았다. 그리고 장년 예배 시간에 맞추어 고개를 숙이고 교회에 갔다. 그때 전도사님이 나를 보고 불렀다.

"전도사님 배가 아파서..."

이렇게 변명을 하고 있는데 전도사님이 물으셨다.

"오늘 몇 명 온 줄 알아?"

나는 머리를 들 수 없었다.

"오늘 68명이 왔어."

나는 너무나 놀랐다.

"와 하나님! 멋진 하나님! 그렇지 전능하신 하나님이 못하실 것이 없지."

그때 나는 나의 믿음 없음을 몇 번이나 회개했다. 비가 온다고 의심하고 믿지 못했던 내가 너무나 부끄러웠다. 그때부터 기도의 기적들이 얼마나 일어났는지 말로 다 표현할 수가 없다. 여름 성경 학교를 하고 있는데 아이들에게 줄 것이 별로 없었다. 그럼에도 불구하고 나는 "하나님! 복숭아 두 상자만 주시면 좋겠습니다." 하고 간절히 기도했다. 놀라운 일이 일어났다. 2시간이 못 되어 산에 살고 있는 어느 집사님이 복숭아 두 상자를 가지고 오셔서 아이들에게 주라고 했다. 너무나 즐겁고 감사했다.

"하나님 수박도 좀 주세요!" 기도하자. 수박도 금방 누군가 가지고 왔다. 얼마나 재미있고 감사하고 기뻤는지, 매일이 그러했다. 누가 배가 아프다고 했다. "내가 기도해 줄게. 바로 나을 거야." 그러면 즉시 나았다.

때론 나의 손바닥이 다 벗겨져서 너무나 보기 싫어서 친구와 함께 기도했다.

"하나님 손바닥을 깨끗이 치료해 주십시오." 기도하니, 2시간도 지나지 않아 손바닥이 깨끗해졌다.

그때 나는 전도사님 서재에서 '죠지 뮬러의 책'을 읽었는데 하나도 이상하지 않았다. "기도하면 하나님은 당연히 응답하시는데 뭐가 놀라워?" "누구나 기도하면 응답하시는데 말이다."

04

믿음은 일상을 기적으로
만든다

여름 방학 때 학교 당번인데 마침 그날은 주일이었다. 나는 당연히 학교에 갈 수 없었고, 가지 않았다. 개학을 해서 학교에 갔는데 담임 선생님은 여름 방학 때 당번인데 결석한 학생들을 불러내서 몽둥이로 엉덩이를 때리고 있었다. 나도 그 뒤에 줄을 섰다. 그런데 이상하게도 선생님이

"네 이름은 없네. 들어가"

"저도 주일이라 나오지 않았습니다."
"그래?"

명단을 다시 보시던 선생님은
"네 이름은 없어. 빨리 들어가."
"저도 나오지 않았으니 때려주십시오."
"네 이름이 없는데 어떻게 때리니? 들어가."

나는 하늘을 보며 미소를 지었다. 하나님의 역사가 날마다 일어나고 있었기 때문이다. 기도할 때마다 하나님은 바로 즉시 응답해 주셨다. 당시 학교를 마치고 집으로 오려면 막차가 끊기고 없었다. 그러나 한 번도 걱정이 되지 않았다. "하나님! 차를 보내주세요." 기도하면, 몇 분이 되지 않아 언제나 차가 왔고 지나가던 차들은 나를 태워주었다.

05

날씨도 하나님의
손에 있다

고등학교에서 기독교 학생회를 만들었는데, 학교에서는 해체하라고 했다. 나는 그럴 순 없다고 했다. 그러면 김해 공설운동장에서 모이겠다고 선포하고 임원들과 토요일 수업을 마치고 전부 공설운동장에서 모이자고 했다. 그런데 비가 계속 내렸다. 2교시 마치고 임원들이 또 모였다. 비가 오는데 공설운동장에 가봐야 아무것도 못하니 오늘은 취소하자고! 했다. 나는 "그래도 가야지 여기서 물러서면 안 된다."라고 했다.

3교시 이후 또 임원들이 모였다. "계속 비가 오는데 취소해야 한다."고 했다. 지금 아니면 더 이상 알릴 시간도 없다고 했지만, 나는 강경하게 모여야 된다고 말했다.

임원들은 한결같이 "비가 오면 아무것도 못하는데" 하면서도 내가 우기니 그러자고 했다.

우리는 토요일 4교시를 마치고 공설운동장으로 갔다. 학교에서 20분 정도 걸어가야 했다. 비가 왔기에 모두가 우산을 쓰고 갔는데 공설운동장으로 가까이 가면서 무엇인가 이상한 느낌이 들었다. 계속 비가 오고 있는데 공설운동장 하늘에만 갈라진 구름 속에서 햇빛이 나왔고, 공설운동장 안에만 비가 오지 않고 있었다. 와아! 너무나 놀라웠다.

그때 홍해가 갈라져 그 사이를 지나가는 이스라엘 백성들이 떠올랐다. 그날 우리는 운동도 하고 식사를 하며 교제도 하고, 얼마나 즐거운 시간을 보냈는지 모른다. 모든 것을 마치고 이제 집에 가려고 공설운동장을 나오자 햇빛은 사라지고 공설운동장에도 비가 내리쳤다. 나는 하나님에 대한 말할 수 없는 신뢰, 감사, 기쁨에 하늘을 나는 기분이었다. 바로 옛날 이스라엘 백성들이 홍해를 건너고, 요단강을 건너는 그런 감격이 몰려왔다.

06

중단된 교회 건축 때 일어난 환상과 기적

어느 날 양계업을 하시는 장로님 한 분이 교회를 찾아오셨다. 교회도 없이 전도사님 사택 거실에서 예배드리는 것을 보고 안타까워 교회를 지어 주시기로 했다. 너무나 귀하고 감사했다. 그래서 전도사님과 장로님은 사택 위의 땅을 구입하여 교회를 짓기 시작했다. 그런데 교회를 반쯤 지었는데 장로님의 양계 사업이 어려워져서 어쩔 수 없이 교회 건축을 중단하게 되었고, 장로님은 교회를 떠나시게 되었다.

전도사님을 비롯해 모든 성도들의 마음이 무척 아팠다. 나는 주일 학교 학생들에게 설교했다.

"교회 건축을 위해 우리라도 헌금하고 기도합시다. 다음 주에 헌금 시간이 있겠습니다."

그리고 다음 주에 주일 학교에서 헌금을 했는데 모인 헌금을 계수해 보니 1,500원 정도 되었다. 나는 주일 학교 학생 몇 명과 함께 리어카를 빌려서 끌고 면 소재지에 있는 시멘트 가게에서 시멘트 한 포대를 샀다. 아이들과 함께 교회 처마 밑에 갖다 놓고는 그 시멘트 위에 손을 얹고 기도했다.

우리가 산 시멘트 한 포대는 아무것도 아니지만 교회를 완공하게 해달라고 간절히 기도했다. 아이들은 울면서 기도했다. 그리고 며칠 뒤 학교 가는 버스를 타고 가는데, 그 시간에는 언제나 밀어 넣어도 들어갈 수 없을 만큼 비좁은 버스였다. 삼계 고개를 넘어가는데 갑자기 차 안에 교회가 나타났다. 그 순간 나도 모르게 "와 교회다!"라고 외쳤다. 그러자 옆에 있던 친구가 "뭐? 교회? 이 산속에 교회가 어디 있어?" 하고는 나의 머리를 쳤다.

그래도 그 교회는 사라지지 않고 그대로 있었다. 너무나 신기하고 놀라웠다. 이런 일이 있은 지 얼마 후 무척산 기도원에 갔다가 내려오던 어떤 성도가 중단된 교회를 보고는 자기 돈으로 교회를 완공했다. 그 교회의 모습은 버스에서 환상 중에 보았던 교회와 똑같았다. 후에 그 성도는 우리 교회로 왔고 장로가 되었다. 하나님의 역사는 참으로 놀라웠다.

07

고등학교 자퇴와
복학의 기적

고등학교를 다닐 때 나는 전공이 화학공학과였다. 그 당시 김해에 있던 고등학교 인문계에는 아무나 갈 수 있었고, 우리 학교는 특차 성적이 되어야 원서를 낼 수가 있었다. 실업계 학교였던 우리는 졸업하기 전에 자격증 몇 개를 따야 해서, 고등학교 2학년이 되면 자격증 시험을 쳤다. 그런데 시험의 대부분이 주일날 치르게 되어 있었다. 나는 주일날 예배를 빠진 적이 없었다. 하나님께 드리는 예배는 최고의 시간이요, 축복이라 믿었기에 지금까지 한 번도 빠진 적이 없다. 그래서 주일날 한 번도 시험을 치러 가지 않았다. 그러자 어느 날 담임 선생님께서 나를 불렀다.

"나도 장로교 교인이지만 이번에는 시험을 치지 않는 학생은 전부 퇴학시키라고 교장 선생님께서 말씀하셨고 다른 고등학교와 경쟁 중이어서 어쩔 수 없다."고 하시면서 시험을 치라고 하셨다.

나는 주일날은 시험을 칠 수 없다고 단호히 말했다. 선생님은 그러면 자퇴를 해야 한다고 하셨지만, 그래도 나는 시험을 칠 수 없다고 했다. 그러자 선생님은 너희 어머니를 모셔 와서 결정하라고 했다.

다음 날 어머니와 함께 선생님을 만났고 어머니는 그 자리에서 울면서 난리가 났다.

"이놈아! 예수 믿는다고 시험을 안 치고 퇴학을 해?"

이게 말이 되느냐고 노발대발 하셨다. 그렇지만 나는 "퇴학을 당해도 절대로 주일날 시험을 칠 수 없다."고 대답했다. 이에 담임 선생님은 나를 데리고 화공과 실험실로 가서 엎드려뻗쳐를 시키고 밀대를 뽑아 나의 엉덩이를 사정없이 내리쳤다.

"어머니를 생각해서라도 가서 이름이라도 적고 나와야지 예배는 매주 드릴 수 있는데 한 번을 안 드린다고 난리가 나느냐?" 선생님은 야단을 치시면서 계속 때렸다. 나의 눈에는 눈물이 흘러내렸다. 아파서 나는 눈물이 아니고, 주님께 예배드리는 것으로 맞을 수 있는 영광 때문에 감사해서 눈물이 났다.

결국 선생님도 포기했다. 나는 신사 참배를 거절하고 순교하신 주기철 목사님처럼, 또 신사 참배를 거절하다 옥고를 치르신 한상동 목사님처럼 하나님의 말씀을 따라 살고 싶었다.

나와 어머니는 자퇴서에 서명을 하고 학교를 떠났다. 집으로 가는 차 안에서 어머니는 아무도 모르는 사람들을 향하여 나를 욕하고 예수님을 욕하고 우셨다. 집에 와서는 "고등학교도 자퇴하고 무슨 일을 하면서 세상을 살래? 이 죽일 놈아! 예수 믿고 네 인생 망쳤다."고 계속 외치고 화를 참지 못하셨다.

나는 그러는 어머니께 "엄마 걱정하지 마라. 하나님께서 살아 계시는데 고등학교 나오지 않아도 살아갈 길이 수천 가지가 있다."라고 해도, 어머니는 "하나님! 더 이상 입에도 올리지 마라"고 하셨다. 어머니는 내가 부끄럽다면서 더 이상 말도 하지 않았다. 믿음이 없으신 어머니가 그렇게 하는 것은 지극히 당연하고 상식적인 행동이었다. 그러나 나는 전혀 억울하거나 두렵거나 걱정이 되지 않았다.

"하나님께서 살아 계시는데 왜 걱정을 하지?" 나는 담담했다. 자격증 시험을 치는 날이 지나고 월요일 오후에 친구가 찾아왔다.

"너 퇴학당한 것 취소돼서 선생님께서 내일부터 등교하래"라고 친구가 말했다. 난 놀라서 되물었다.

"왜?"

"울산 공고에서 시험을 치는데 실험실을 준비하는 중에 화학 반응으로 불이 나서 그 학교에서는 시험을 못 치게 되었고, 다음 주 월요일에 마산공고에서 시험을 치기로 했는데 월요일이라 너도 시험을 칠 수가 있으니 퇴학은 취소한대!"

나의 절실한 친구요. 기독교인이었던 친구의 손을 잡고 함께 하나님께 감사 기도를 드렸다.

08

주일날 졸업 여행과 기적

고 3 봄날에 학교에서 졸업 여행을 간다고 공고가 나왔다. 그런데 주일이 포함되어 있었다. 임진각과 남해대교 등을 가는데 갈 수 없으니 나는 하나님께 항의하듯 기도했다.

"하나님 나는 주일 지키느라 어디 가보지도 못했는데 졸업 여행이 주일에 포함되었습니다. 좀 바꿔주어서 저도 가면 안 될까요?" 기도를 드리고 학교에 갔더니 졸업 여행이 취소되었다고 했다.

봄 가뭄이 너무 심해서 농민들이 고통을 받고 있으므로 전국의 모든 학교의 졸업 여행을 연기하라고 전두환 대통령의 특별 지시가 내려왔다고 했다.

몇 달 뒤 우리 학교는 한여름에 졸업 여행을 다녀왔다. 다른 친구들은 수학여행을 봄에 가지 않고 한여름에 간다고 불평이 대단했지만, 나는 불평 한마디 하지 않고 하나님께 감사 기도를 드렸다. 할렐루야!

09

네 앞서 내 사자를 보내어 너를 인도할 것이다

신앙생활을 하면서 너무나 놀라운 기도 응답들이 날마다 일어나면서 나는 기도하는 것이 너무나 재미있고 좋았다. 목요일 저녁은 혼자서 철야를 하고 금요일은 금식을 하고 새벽 기도는 두 시간을 꼭 채웠다.

사실 기도는 두 시간을 채울 만큼 기도할 내용이 없어 10분 정도 기도하고 성경책을 많이 읽었는데 고등학교 졸업할 때까지 신약은 최소한 100번 넘게 읽었고 구약은 수십 번을 읽었다. 나는 기도하고 성경을 읽으면서 하나님께서 나를 어떻게 인도하실까 생각하고 묵상 기도를 드리고 있는데 음성이 들려왔다.

"네 앞서 내 사자를 보내어 너를 인도 할 것이다."

너무나 생생하여서 이리저리 둘러보았지만 아무도 없었다. 나는 지금까지 이 말씀은 한 번도 잊어 본 적이 없다. 아무리 어렵고 불가능하게 보여도 하나님께서 기뻐하시겠다는 생각이 들면 실행에 옮겼다. 그리고 하나님께서 인도해 주실 것을 믿었다. 하나님은 그 믿음에 응답하셨고 다 이루어 주셨다. 지금까지의 목회를 돌아보면 불가능한 것이 너무나 많았지만, 나는 항상 하나님의 이 말씀을 기억하고 기대했다.

"살아계신 하나님! 지금 당신의 사자를 보내어 인도하시고 계시죠?" 물으면서 말이다.

10

수박 장사, 생명을 살리다

교회에서 학생회를 이끌어가면서, 애로사항이 참 많았다. 시골 교회는 전도사님 사례도 잘 드리지 못했다. 노회에서 지급되는 지원금은 제때 지급되는 때가 거의 없었다. 토요일 저녁에 학생회 예배를 마치고 학생들과 라면이라도 끓여 먹고 교제하면 전도도 잘 될 것 같은데 돈이 없었다. 그래서 어느 날 기도하다가 수박을 팔아 돈을 마련하면 좋겠다는 생각이 들었다.

당시 여름이 되면 무척산 기도원에 많은 교회 팀들이 올라왔었다. 수련회에 참석하는 학생들은 먹을 것이 별로 없었다. 산에서 파는 것은 과자 몇 종류밖에 없는데, 만약 수박을 판다면 교회마다 사 먹으면 잘 팔리지 않을까라는 아이디어가 떠올랐다. 그래서 나는 산에서 산 수박을 재배하는 집을 찾아갔다. 산 수박은 당도는 높지만 크기가 아주 작았다. 나는 사정을 설명하고 산 수박 70개를 외상으로 구입했다. 수박을 다 팔고 나면 주기로 했다. 수박을 구입하여 내가 다섯 번 지게에 져다 날랐고, 교회 나온 지 얼마 안 된 청년 한 분이 두 번을 져다 날라주었다.

나는 무척산 기도원 호숫가에 수박을 진열해 놓고는 싱싱한 산 수박을 사라고 외쳤다. 처음에는 몇 사람이 와서 얼마냐고 물었다. 나는 500원에 판다고 했다. 사람들에게 산 수박은 당도가 훨씬 높아 작아도 맛있다고 설명을 했지만 다들 비싸다고 아무도 사지 않았다. 나는 250원에 외상으로 샀는데 이 높은 곳에 지고 온 것만 해도 몇 배는 받아야 하지만 500원에 판다고 해도 아무도 사지 않았다.

간식도 없는 산에서 내일은 누군가 사겠지 하고 기다렸지만 화요일에도 아무도 사지 않았다. 그때부터 나의 마음은 새까맣게 타들어가기 시작했다.

"내일도 정말 아무도 안 사면 이것을 어떻게 하지?" 다시 지고 내려간다는 것은 상상할 수도 없고, 그것도 외상으로 사 가지고 왔는데 기도가 저절로 나왔다.

"하나님! 내가 돈 벌려고 수박 장사를 하는 게 아니라는 것을 하나님은 잘 아시지 않습니까? 수박 좀 팔리게 해 주십시오." 간절히 기도했다.

수박 옆에서 자면서 보리짚 모자를 쓰고 수요일에도 기다렸지만 보기만 할 뿐 어느 교회도 사주지는 않았다. 내일 오후면 대부분 수련회를 마치고 집으로 내려갈 텐데, 기도밖에 나오지 않았다. 목요일 아침이 되었다. 수박이 시들지 않게 풀로 수박을 덮고 물을 부었다. 목요일에도 아무도 사지 않았다. 이제 점심을 먹으면 대부분 다 내려갈 텐데 나는 막막했다. 그런데 점심 식사를 하기 전 부산에서 온 어느 교회 학생들이 호숫가로 나와서 놀았다. 여름이라 너무나 더웠는데 몇 명이 수영을 하고 있었다. 여기는 수영이 금지된 곳이지만 학생들이다 보니까 몇 명이 들어갔다.

나는 호수 둑에서 그것을 물끄러미 바라보면서 이제 수박 파는 것은 포기하고 있었다. 그런데 갑자기 학생들 쪽에서 큰 소리가 났다. 주목해서 보았더니 한 학생이 바위 밑 깊은 곳에 빠져 허우적거리고 있었다. 옆에 있는 학생들은 어쩔 줄 몰라 하고 있었다. 자세히 보니 물에 빠진 학생은 이미 세 번째 올라왔다가 물 아래로 내려갔다. 대부분 세 번째 못 올라오면 더 이상 기력이 없어서 죽는다는 것을 이미 들어서 알고 있었던 나는 나도 모르게 신발을 벗고 둑을 달려가 건너편으로 가서 물에 뛰어들었다. 물은 탁하고 아무것도 보이지 않았다. 그러나 물 밑에 들어가 더듬어 보았더니 누군가 걸려서 건져 내었다. 그러고는 연못 옆에 눕혀 놓았는데 숨을 쉬지 않고 있었다. 그때 기도원에 있던 직원 한 명이 달려와 인공호흡을 했다. 입술은 완전히 보랏빛이었다.

학생들을 데리고 온 전도사님과 그 교회(부산 동원교회) 팀은 모두가 어쩔 줄 몰라 하고 있었다. 여학생들은 울고 있었다. 한참 인공호흡을 하고 있는데 그 학생이 깨어났다. 모두가 환호성을 지르고 얼싸안고 기뻐했다. 나는 조용히 빠져나와 젖은 옷을 입은 채 수박 더미 옆에 앉아 있었다.

여름이라 불어오는 바람으로 시원했지만 마음은 타들어가고 있었다.

"이제 점심을 먹으면 다 내려갈 텐데... 하나님 살려주세요."

그때 중년 선생님 한 분이 왔다.

"아저씨가 아이를 건져 내셨지요?"

나는 고등학생인데 아저씨로 보였던 모양이다. 그렇다고 이야기했다.

그는 수박을 두어 개 사 들고 갔다. 처음으로 수박을 팔았다. 조금 있으니 여기저기 교회마다 수박을 사러 왔고 수박은 한 시간도 못되어 다 팔렸다. 기도원 여기저기서 수박 파티가 열렸다.

나는 빈 지게를 지고 내려오면서 울었다. 그리고 하나님을 찬양하고 손을 들고 기도하면서 내려왔다. 산 수박 집에 들러 수박 값을 모두 지불했다. 그 산 수박 주인은 "다 못 팔 줄 알았는데 다 팔았네"라고 하시면서 칭찬해 주셨다. 그때 나는 "하나님께서 다 팔게 해 주셨습니다."라고 큰소리로 대답했다. 할렐루야!

11

미래를 들려주시는 하나님

지금 돌이켜 보아도 고등학교 시절은 내 인생 최고의 날이었다. 날마다 살아계신 하나님의 능력을 체험하는 기적의 연속이었다. 매일 새벽에 나가서 두 시간을 기도했다. 그러나 당시에는 영적으로 어린 나이이기에 사실 기도는 별로 할 것이 없었다. 10분만 하면 더할 게 없었다. 그래서 대부분은 성경을 많이 읽었다. 얼마나 많이 읽었던지, 어떤 말씀이 어디, 어느 쪽에 몇째 줄에 있는지까지 거의 알게 되었다. 그리고 목요일 저녁은 나 스스로 철야를 하고 금요일은 매주 금식 기도를 했다.

하루는 기도를 마치고 집에 와서 잠이 들었는데, 너무나 밝고 밝은 대낮에 내가 무척산 아래에 서 있고 고개를 들어 산꼭대기를 바라보고 있는데 산꼭대기에서 천지를 진동하는 천둥 소리가 들렸다. '우르릉 쾅쾅~ 우르릉 쾅쾅~' 산 전체가 요동치며 크게 울렸다. 나는 무슨 계시를 받는 것처럼 산을 향하여 바라보고 있는데 천지를 진동하던 천둥소리가 멈추면서 목소리가 들려왔다.

"너는 앞으로 ○○○○이 될 것이다." 너무나 놀라운 말씀이었다. 귀가 먹먹했다. 깨어보니 꿈인가 환상인가 도무지 알 수가 없었다. 나는 옆에서 주무시는 어머니를 깨웠다. 그러고는 그 놀라운 광경을 말씀드렸다. 그랬더니 어머니도 처음으로 말하신다며 두 가지 이야기를 해주셨다.

현보야, 너를 임신하고 난 다음 너무나 가난하여 도저히 너를 키울 자신이 없어서 낙태시키려고, 약도 먹어보고, 배를 때려도 보고, 높은 곳에서 뛰어내리기도 하고, 그렇게까지 해도 낙태가 되지 않아 고민하고 있는데 어느 날 어머니가 꿈을 꾸었는데 꿈속에 흰옷을 입은 할아버지 같은 분이 나타나 "아들이니 그냥 낳아라" 하고 사라졌다고 하셨다. 그래서 어머니는 그 꿈을 꾸고는 더 이상 나를 낙태시키려고 하지 않고 그냥 낳았다고 했다. 그리고 내가 두 살쯤 되었을 때 또 꿈을 꾸었는데 꿈속에서 온 벌판이 홍수로 물이 다 잠겼고, 겨우 들판의 길만 물이 찰랑찰랑하게 남아 있어서 물에 잠기기 전에 나를 업고 산으로 도망을 가는데 갑자기 무시무시한 사람들이 나타나 어머니를 잡아 물에 빠뜨려 죽이려고 했다고 하셨다. 그런데 그중 한 사람이 "이 등에 업혀 있는 이 아기는 어떻게 하지?" 했더니 옆에 있던 사람이 "그 아기는 대한민국에서 없어서는 안 될 사람이니까 살려둬야지" 하면서 "아기를 잘 키워야 된다"라고 하고 사라졌다고 한다. 어머니는 너무나 놀라 산으로 도망가 뭍(육지)에 올라왔는데 오르자마자 방금 그 두 사람이 또다시 나타나 "이 아기는 대한민국에 없어서는 안 될 사람이니까 잘 키워야 된다"고 하면서 사라졌고, 어머니는 꿈을 깨셨다고 하셨다.

그러면서 "나는 너 때문에 산다. 너 아니면 벌써 죽었을 것이다."라고 여러 번 말씀하셨다. 우리 집사람이 시집왔을 때도 어머니는 몇 번이나 이 말씀을 하시면서 "내가 지금 사는 것은 우리 현보 덕분이다."라고 말씀하셨다. 나는 교회에 가서 이 꿈과 환상에 대하여 전도사님께 말씀드렸더니 전도사님은 "아마도 목사가 되어 전도를 많이 하라는 것이 아닐까"라고 말씀하셨다.

나는 너무나 놀라운 경험을 했기에 극소수에게만 말했다. 너무나 터무니없기도 했지만 한 번도 그것을 잊어본 적은 없었다. 하나님을 믿어가면 갈수록 내 미래에 대하여 하나님께 맡기면서 살아왔다. 어떤 것으로도 결국은 선을 이룰 것이고, 하나님께서 계획하신 것은 다 이루실 것이라 확실히 믿었다.

 정말 찢어지게 가난하게 살았기에 수많은 수모를 당하고 살았다. 초등학교 때부터 삼촌 집에서 머슴처럼 일해 주고 밥을 얻어먹고 살았고, 중 3 때부터 무척산 기도원에 지게로 짐을 져서 한 짐에 3500원을 받았다. 보통 사람은 맨몸으로도 기도원에 이르면 기진맥진하는데, 나는 40kg 쌀을 지고 하루에 두세 번은 기본이고, 기도원이 바쁠 때는 하루에 다섯 번씩 오르면서 240kg 피아노도 올렸다. 그러나 원망하거나 짜증을 내어 본 적이 없었다. 전혀 부끄럽지도 않았다. 이런 것도 하나님께서 필요하셔서 허락했을 것이라 믿으니 언제나 항상 감사했다. 짐을 지고 다섯 번째 올라갈 때는 기진맥진하여 제대로 올라가지도 내려가지도 못할 때도 있었지만, 한 번도 원망을 하거나 불평을 해 본 적이 없었다. 오직 감사만 있을 뿐이었다.

 지금 구치소 독방에서 이 글을 적고 있는데, 구치소

관계자도 이렇게 말한다.

"지금까지 여기에 근무했지만 목사님처럼 담담하고 오히려 기뻐하는 사람은 처음입니다."

사람들은 염려하고 변호사도 빨리 나가야 된다고 하지만 나는 "걱정하지 마십시오. 너무나 좋습니다. 하나님은 다 뜻이 있습니다." 오히려 내가 안심을 시킨다.

면회를 오는 사람들에게도 마찬가지이다. "가장 자유로운 사람은 나다." 포승줄에 묶여 수갑을 차고 재판정에도 가고 조사도 받으러 가지만 나는 즐겁다. 이런 경험을 하는 것 자체가 신비하다. 교회도, 가족도, 나 자신도 1%도 걱정되지 않는다.

하나님은 자신의 계획을 다 이루실 것이다. 오직 나는 하나님의 뜻이 어디 있을까 그것만 생각하고 있다. 기도원에 온 느낌이다. 첫날에 독방에 들어갔는데 80cm 넓이의 방이었다. 어깨가 닿을 것 같았다. 그런데도 감사의 눈물이 나왔다. 지금은 그것보다 2배 넓은 160cm 방에 왔다.

성경도 깊이 있게 읽고, 책도 집중해서 많이 읽고 있다. 여행을 온 느낌이다.

나는 감옥에 있지만 지금도 하나님은 내 앞서 일하고 계시고 자신의 뜻을 이루고 계실 것이라고 믿는다. 앉았다 일어서는 것도 감사하고 모든 것이 감사하다.

입에서 감사밖에 나오지 않는다. 이 글을 쓰는 지금도 감사하고 행복하다.

오늘 밤 이 땅을 떠난다 해도 아쉬울 것이 하나도 없다. 여기까지 인도하신 하나님께 감사드리고 아무 공로 없으나 예수님 때문에 죄 용서를 받고 눈을 감았다 뜨면 천국일건데 무엇이 두렵고 아쉽겠는가!

12

지옥 환상
- 목회를 꿈꾸며

내가 예수님을 믿고 가장 안타까운 것은 가족들이 아무도 예수님을 믿지 않는 것이었다. 예수님을 '믿는 자는 구원받아 천국에 가는 것'이 100% 사실이고, 믿지 않는 자는 영벌을 받아 100% 지옥에 가는 것이 사실인데, 가족들이 믿지 않으니 기도만 하면 눈물이 났다. 그래서 가족 구원을 위하여 열심히 지속적으로 기도를 했지만 어머니는 더욱 완고해지셨다.

매일 새벽 기도를 가면서 찬송을 부르고 교회를 올라가니 잠자는 마을 사람들을 깨운다고 질색을 하셨고, 성경책은 눈에 보이는대로 부엌에서 불태워 버렸다. 그럴 때면 울면서 아궁이 속에 있는 성경을 꺼낸 적이 한두 번이 아니었다. 어떤 날은 예배를 드리고 왔는데 일요일 날 어머니 일을 도와주지 않고 교회를 갔다고 나를 욕하고 예수님 욕도 하셨다.

나는 그날 창조주 하나님을 모르고 하나님을 욕하고 계시는 어머니를 업고 교회를 향하여 뛰어 올라갔다. 어머니는 내려놓으라고 소리쳤지만 더욱 힘을 주고 달려갔다. 교회가 가까워지자 어머니는 등에서 내려오려고 안간힘을 썼지만, 나는 더욱더 두 팔로 힘을 주고 쪼아서 어머니를 업고 교회 가까이 왔다. 어머니는 나의 얼굴을 때리고 뜯으며 내려달라고 했지만 나는 이렇게 말했다.

"엄마 한 번이라도 교회 가보자. 하나님도 모르고 하

나님을 욕하다 지옥에 가면 어떻게 하려고?"

그러면서 나는 속으로 계속 기도했다.

"어머니가 예배당에 들어가서 발만이라도 한 번 밟게 해주십시오."

나는 신을 신은 채로 예배드리는 거실로 들어갔다. 어머니가 뛰쳐나갈 줄 알았는데 끝까지 앉아서 예배를 드렸다. 알고 보니 내가 어머니를 업고 오면서 어머니 양 허벅지를 얼마나 조였는지 다리에 쥐가 나 도저히 일어설 수가 없어서 예배를 마칠 때까지 앉아 있었다고 하셨다.

그날부터 내가 교회 가는 것은 허락했지만 믿을 마음은 1%도 없었다. 나는 내가 죽더라도 가정을 구원하고 싶었다. 그래서 무기한 금식을 선포했다. 불쌍한 엄마가 지옥에 가면 나는 어쩌라고. 엄마가 예수님 믿고 교회 간다고 할 때까지 금식하다가 죽으면 죽을 것이라고. 나는 정말 내가 죽어서 가족이 구원받을 수만 있다면 죽을 수도 있다고 생각했다. 엄마도 가족도 다 비웃었다. 그러나 나는 진심이었다. 하루가 지나고 이틀이 지나고 3일이 지나자 어머니는 이렇게 말했다.

"밥 먹어라. 네가 그렇게 기도하니 언젠가 믿을 때가 되면 믿겠지."

"엄마, 엄마가 예수 믿는다고 하기 전에는 더 이상 밥 먹지 않을 것이고, 내가 죽으면 엄마 나를 생각해서라도 교회 꼭 나가야 돼."

나는 정말 죽으려 했다. 예수를 믿지 않는 자의 운명이 100% 지옥인데 그냥 있을 수가 없었다. 사생결단하며 밥을 먹지 않고 기도하니 어머니는 나 몰래 주일 새벽에 새벽 기도를 가서 예수 믿을 테니까 우리 아들 밥만 먹게 해달라고 전도사님께 사정하며 말씀하셨다고 했다. 이에 전도사님은 어머니를 오토바이에 태워서 집으로 오셨다.

"엄마가 예수님 믿기로 했으니까 이제 밥 먹어라"는 전도사님의 말씀을 듣고서야 나는 금식을 중단했고, 어머니가 끓여 온 흰죽을 일곱 그릇이나 먹었다. 주일 예배 시간이 다 돼 가자 나는 어머니께 말씀드렸다.

"엄마 시간 다 됐다. 예배드리러 가야지." 그런데 어머니의 태도는 조금 전 새벽과는 완전히 달랐다.

"네가 굶어 죽을까 싶어 새벽에 교회에 갔지만 나는 예수를 못 믿는다. 평생을 절에 다녔는데 내가 지금 예수를 어떻게 믿느냐?" 이 동네에 예수 믿는 사람이 몇 명이나 되느냐고 항변하셨다.

그날은 결국 혼자 교회에 갈 수밖에 없었기에 마음이 슬프고 참으로 우울했다. 월요일 새벽, 새벽 기도를 가야 하는데 일어나기 싫었다. 하나님께 정말 거의 처음으로 원망이 들었다.

"하나님 이 정도 했으면 어머니를 구원해 주셔야죠.

나는 이제 가족을 위해 기도하지 않을 겁니다." 새벽 기도도 가기 싫었다. 그러나 결국은 일어나 새벽 기도를 갔다. 고등학교 3년 동안 새벽에 가서 2시간을 기도하겠다고 약속을 했는데 여기서 그냥 멈출 수는 없지 않는가. 무거운 몸을 이끌고 새벽 기도를 갔다. 방석을 가지고 와서 자리에 앉아서 3초나 지났을까?

그때 내 눈앞에 어마어마한 환상이 펼쳐졌다. 어느 작은 동산 위에 큰 첨탑의 교회가 서 있고 그 교회에서 내려오는 큰 계단이 있는데, 나는 그 계단 아래에서 교회를 바라보고 서 있었다. 그런데 위쪽을 보니까 이제 예배를 마쳤는지 교회 문이 열리면서 수많은 사람들이 계단을 내려오고 있었다. 그때 하나님께서 말씀하셨다.

"저기 예배를 드리고 내려오는 사람들 중에 천국을 믿는 사람이 있는지 한번 물어봐라."

나는 "교회에 갔다가 예배드리고 오는 사람들이 천

국을 믿지 않으면, 무엇 때문에 교회에 왔을까?"라고 생각하고 있는데 하나님의 음성이 또 들려왔다.

"저기 내려오는 저 사람들이 지옥을 믿는지 한번 물어봐라."

그때 나는 "그 말이 그 말 아닙니까?" 하고 대답했다. 그때 성경책을 옆에 끼고 내려오는 정장을 입은 남자분에게 가장 먼저 물었다.

"천국이 있는 것을 믿습니까?" 하고 물었다.

그분은 "나는 그런 건 몰라요" 하고 손사래를 치고는 가버렸다.

그래서 나는 내려오는 사람을 붙잡고 "천국을 믿습니까? 지옥을 믿습니까?"라고 물었다. 그런데 그들은 하나같이 다 "그런 건 모른다"고 말하고는 흩어졌다.

나는 마음이 너무나 안타까워서 '예수님을 믿는다면

서 천국을 어찌 모른다고 하고 지옥을 모른다고 할 수가 있지.'

한참 동안 울고 있다가 동산에 있던 그 교회를 바라보았는데 교회는 간 곳이 없고 그곳은 지옥에서 불타는 광경으로 변해 있었다. 지옥 불속에서 고통스러워하는 그 모습은 차마 볼 수가 없었다. 눈 뜨고는 볼 수 없는 무시무시한 광경이었다. 나는 눈을 감고 "그만 보여주세요"라고 외쳤지만 그 광경은 사라지지 않았다. 나는 더욱 소리쳤다.

"하나님 그만하세요. 그만 보여주세요." 그러면서 눈을 꼭 감았다. 그러나 그 광경은 계속되었고, 눈을 감아도 소용이 없었다. 그때 내 마음에 이런 소리가 들렸다.

"너도 내가 만든 천국과 지옥을 못 믿지?"

나는 이렇게 외쳤다.

"하나님 나는 믿습니다. 믿습니다. 이제 그만 보여주세요." 눈을 뜨니 기도 중이었다.

의식이 있는 상태에서 똑똑히 보여주셨다. 나는 그날부터 학교를 마치고 집으로 돌아오는 길에 동네마다 다니면서 전도지를 나누어 주면서 예수님 믿고 천국 가라고 전도했다. 토요일은 교회가 없는 마을 아이들을 논바닥에 앉혀 놓고 복음을 전했다. 나중에 이 사실을 사람들로부터 전해 들었던 어머니는 내가 학교에 갔다 오자 빗자루를 들고 때리면서 "이놈아 네가 미쳤냐. 네가 목사냐? 너는 학생이잖아. 누가 너더러 집집마다 찾아다니며 전도하라고 했냐? 이 미친 놈아!"

그래도 전도는 계속되었다. 마을마다 복음을 전했다. 나전 부락 논두렁에 앉아 어린아이들에게 복음을 전했던 장소는 나전교회가 되었다. 우리가 예배드리는 광경을 목격하던 한 여전도사님이 그 땅을 구입하여 나전교회를 세웠고, 지금 그 교회는 터널 공사로 인하여 보상을 받아 김해 시내로 이주해 갔다.

13

절에서 신학대학을 다니다

나는 중학교 때부터 예수를 믿고 은혜를 많이 받아 목사가 되기로 작정했다. 중 3 때 목사가 되겠다고 했는데 잠시 잊고 지낸 적도 있었다. '나는 목회자가 되어 복음을 전하여 생명을 구해야지'라는 마음으로 고신대학교에 시험을 쳤지만 등록금이 없었다. 60만 원은커녕 만 원도 없었다. 어머니는 항상 이런 푸념을 늘어놓았다.

"이놈의 돈은 다 어디에 있나, 나에게 돈이 있으면 한 번 먹고 죽어보고 싶다." 나는 돈은 없지만 하나님께서 당연히 신학교를 보내 줄 걸로 1%도 의심하지 않았다. 그러나 돈 줄 사람은 아무데도 없었다.

예비고사 점수 340점 만점에 270점이면 신학과에 전액 장학금으로 들어갈 수 있었는데 나의 점수는 240점이었다. 실업계 학생으로는 높은 점수였지만 장학생이 되기에는 점수가 모자랐다.

하나님께서 분명히 보내준다는 확신은 주셨지만 돈도 없고 방법도 없으니 일단 원서나 넣어보자 생각하고, 특차 지원서를 들고 접수 창구에 갔다. 그러자 여직원은 예비고사 점수가 모자라 원서를 받아줄 수가 없다고 했다.

나는 그래도 "일단 받아만 줘 보십시오." 이러는 사이 학장님이 나를 오라고 했다면서 나를 데리고 학장실로 갔다. 학장님은 내게 이렇게 물었다.

"어떻게 점수가 안 되는데 원서를 넣으려고 하느냐"고, 나는 설명을 했다.

"하나님은 반드시 신학교에 갈 것이라고 확신을 주셨는데 혹시 어떤 방법으로 일하실지 몰라서 그랬습니다."라고 했더니 학장님은 잔뜩 의심의 눈초리로 나를 쳐다보면서 "하나님이 말씀을 하셨다고? 어떻게 말씀하셨지?" 나를 아주 경계를 하시면서 나가라고 했다. 그래서 계속 기도했다. 틀림없이 갈 것인데 방법이 없었고 돈 줄 사람이 없었다.

나는 새벽에 교회에 가서 강대상 밑에서 더욱 간절히 기도했다.

"하나님, 나는 돈이 없지만 하나님은 반드시 등록금을 주실 줄로 믿습니다. 천지를 말씀 한마디로 만드시고, 홍해를 가르시고, 40년간 이스라엘 백성들에게 만나를 먹이시고, 요단강을 멈추게 하신 전능하신 하나님의 크신 역사를 믿습니다."

이런 내 기도를 들으신 우리 교회 전도사님이 어느 날 강대상에서 기도하시다 나를 불렀다.

"손 선생 등록금 대어 줄 사람이 있나?"

"아직은 없습니다."

"우리는 시골 교회이고 내가 사례를 다 받지 못해서 너를 도와줄 수가 없다." 그러시면서 "사람이 꼭 신학교에 가야만 하나님의 일을 하는 것은 아니다. 얼마든지 다른 일을 통해서도 복음을 전할 수가 있다."

가난한 우리 집 사정을 다 아시는 전도사님은 내가 너무 확신을 가지고 기도하자 혹시 내가 시험에 들까 봐 그랬던 것이다. 나라도 그렇게 했을 것이다. 이제 등록 마감이 하루 앞으로 다가왔다. 새벽 기도를 마치고 집에 들어서니 어머니가 내 손을 잡고 삼촌 집으로 데리고 갔다. 삼촌은 부지런했고 부자였다. 아침 일찍 일어나서 마당에서 일하고 계셨다. 어머니는 삼촌 앞에 나를 세워놓고 나를 험담하듯이 말했다.

"돈 10원도 없는 애가 신학대학교에 간다는데 말이나 되느냐"고 사실 어머니의 속셈은 삼촌이 부자니 등록금을 한 번이라도 지원해 달라는 의미였다.

삼촌은 대뜸 말했다. "니는 대학 못 간다."

나는 즉시 반문했다. "왜요?"

삼촌은 큰 소리로 퉁명스럽게 말했다.

"대학에 가려면 논 30마지기는 있어야 가는데, 너희 집은 논 3마지기도 없지 않나 네가 대학에 가면 내가 손가락에 불을 켜고 하늘로 올라가겠다."
절대 불가능하다는 말이었다. 나는 크게 말했다.

"삼촌! 삼촌이 등록금을 주지 않아도 저는 반드시 대학에 들어갈 것입니다. 하나님은 살아계십니다."

그 말을 듣고 삼촌은 비꼬면서 다시 말했다.

"매일 새벽 기도 다닌다고 동네 사람들 다 깨우더니 왜? 하나님께서 돈은 안 주시더냐?"

하는 수 없이 어머니의 손을 잡고 집으로 왔다. 어머니의 한탄이 시작되었지만 나는 담대히 말했다.

"엄마! 삼촌이든 누구든지 돈 주지 않아도 나는 내일 등록하고 입학할 거니까 걱정하지 마라." 어머니는 애처로운 듯이 말했다.

"너는 삼촌 말하는 거 안 들어봤나? 삼촌도 그러는데 누가 너를 도와주겠나!"

나는 "엄마! 하나님은 수천 가지의 방법이 있고 살아계시기 때문에 다 준비해 두셨을 거니까 걱정하지 마

13 절에서 신학대학을 다니다

라."

어머니는 아침밥을 가지고 와서는 울면서 말했다.

"못난 부모 만나 등록금 한 번 못 주고, 이게 무슨 부모라고."

나는 어머니께 하나님은 살아계시니 너무 걱정하지 마시라고 말씀드리고 밖으로 나왔다. 갈 곳이 없었다. 교회를 가면 전도사님이 걱정하실 것이고, 집에 있자니 어머니가 걱정만 하고 계시니 어찌할 바를 몰라 나는 버스를 타고 김해로 나와 시내버스를 타고 부산 주례로 갔다. 주례 삼거리 위에 불현사라는 절이 있는데 지난번 철수와 함께 간 적이 있었다. 사찰 마당에 있는 우물에서 물을 퍼서 마시는데 스님이 오셔서 나를 부르시더니 "내 동자 안 할래?"라고 하셨다.

친구 서철수는 "얘는 신학대학교 가서 목사가 될 건데 동자는 무슨 동자요?"라고 했더니 그 스님이 "너희들 교회 다니는구나"라고 한 적이 있었다.

나는 버스를 타고 그 불현사 절로 갔다. 절에 올라갔더니 마침 스님이 계셨다. 나를 보고는 어떤 일로 왔느냐고 물었다. 나는 바람을 쐬러 왔다고 말했다. 그러자 스님이 물으셨다.

"너 지난번에 대학 간다더니 시험은 합격했냐? 대학은 어디지?"라고 물으셔서 나는 "고신대학교 신학과에 합격했습니다."라고 말씀드렸다.

그러자 스님은 "요즘 등록금 비싸지?" 나는 "60만 원입니다."라고 말씀드렸다. 이때 스님은 "알았다. 놀다 가라"고 하시면서 방으로 들어가셨다.

나는 사찰 뒤 계곡에 가서 두어 시간을 기도하고 찬송했다. 집으로 가려고 사찰 옆길로 지나가는데 사찰에서 일하시는 아주머니가 나를 불렀다. 이 아주머니는 아랫마을에 사시는데 낮에는 사찰에 올라와 여러 가지 일을 해주고 있었다.

"학생! 스님이 어르신인데 인사는 하고 가야지."
나는 "그냥 가렵니다."

아주머니는 내 팔을 잡고 자꾸만 스님께 인사를 드리고 가라고 했다. 나는 문 앞까지 강제로 끌려 갔는데 스님이 문을 여시면서 들어오라고 했다. 나는 "발에 냄새도 많이 나고 못 들어갑니다."라고 했는데도 계속 들어오라고 해서 운동화를 벗지 않고 신발을 신은 채로 발은 방 문 밖에 두고 무릎만 방에 꿇었다. 그랬더니 스님이 "너는 돈이 없어 대학 못 가지?"라고 말했다.

나는 기분이 나빴다. '이 스님까지 나를 무시하나?'라고 속으로 생각하고 있는데 스님이 봉투를 하나 주시면서 가져가라고 했다.

"이게 뭡니까?"
"아까 너 등록금 60만 원이라고 하지 않았나?"

내가 이해를 못하고 있으니까 "이거 등록금 60만 원이니까 등록해라."

나는 한사코 거절했지만 스님은 그냥 주는 거니까 갚을 필요가 없다고 하시면서 계속 권면해서 나는 그 돈을 가지고 고신대학교에 가서 마지막 날 등록을 했다.

밤늦게 마지막 시골 가는 차를 타고 집에 갔더니 어머니는 내 인기척을 듣고는 신발도 신지 않고 마당까지 내려오셨다.

"너 어디 갔더냐? 아무리 찾아도 없어서 얼마나 걱정을 많이 했는데!" 나는 오늘 있었던 일을 어머니께 말씀드렸다. 어머니는 믿을 수 없다는 듯이 계시다가 자초지종을 듣고는 무척산에 있는 모은암 절을 보고는 합장을 하여 "나무 관세음보살" 하면서 절을 했다.

나는 "엄마! 부처님이 아니고 하나님이 살아계셔서

등록금을 주시잖아." 그러곤 봄에 고신대학교 강단에서 입학식을 치렀다. 입학식을 마치자 모두가 기숙사 생활을 하거나 자취를 하거나 통학을 한다고 분주했다. 그런데 정작 나는 갈 곳이 없었다. 운동장에 서서 하나님께 기도했다.

"하나님, 나는 갈 곳이 없습니다. 통학은 멀어서 절대 안 되고, 기숙사에 들어갈 돈도 없고, 밥 사 먹을 돈도 없고, 책 살 돈도 없습니다. 나는 아는 사람이 아무도 없습니다."라고 하는데 스님이 생각났다. 그래서 버스를 타고 사찰로 갔다. 마침 스님이 계셨다. 스님이 나를 보고는 "어쩐 일이냐?" 하셨다.

나는 "스님 덕분에 입학도 잘해서 인사드리러 왔습니다."라고 했다. 그러자 스님은 물으셨다.

"너희 집은 저 김해 생림인데 숙식은 어디서 하느냐?"
나는 "아직 정해지지는 않았습니다."라고 대답했다. 그랬더니 스님은 나를 쳐다보시더니.

"그럼 우리 절에서 다닐래?"라고 했다. 나는 잠시 생각했지만 갈 곳도 돈도 없어서 그러겠다고 했다.

스님은 새로 지은 건물의 다락에서 지내라고 했다. 그곳에 올라가 보니 다락이 아니라 완전 2층 큰 방이었다. 그날부터 평생 소원이던 쌀밥을 매일 먹고 수많은 과일을 먹으며 고신대학교를 다닐 수가 있었다. 하나님의 놀라운 섭리와 은혜였다.

스님은 새벽 3시 30분이 되면 일어나 절을 돌면서 예불을 드렸고, 그것이 끝나면 나는 성경책을 들고 아래 동네에 있는 주례 교회에 가서 새벽 예배를 드리고 올라 왔다가 아침을 먹고 학교에 갔다.

밥을 먹을 때는 스님과 대화도 나누고 전도도 하고, 수많은 일들이 있었다. 한 학기를 마치고 집에 갔더니 어머니는 교회를 나가고 계셨다.

"네가 그렇게 기도하더니 정말 하나님께서 살아계시네"라고 하셨다. 얼마 후 엄마는 집사가 되었다. 그렇게 반대하던 형도 예수님 믿고, 병 고침도 받고 목사가 되었고, 큰누나는 전도사가 되었고, 작은 누나는 권사가 되었다. 눈물로 기도했던 기도가 기적적으로 이루어졌다. 얼마나 많이 애를 쓰고 기도하고 눈물을 흘려가면서 기도했는지 모른다. 하나님은 내 기도를 다 듣고 응답해 주셨다.

절에서의 경험들은 다음에 목사가 되어 전도하는 데 큰 도움이 되었고, 많은 스님들을 전도하게 되었다. 그리고 그동안 세계로교회에 와서 약 1만 명을 전도하여 세례를 받게 했다. 하나님의 생각과 나의 생각은 다르지만 하나님은 언제나 옳으시고 그분의 때에 그분의 뜻과 방법대로 모든 것이 이루어진다는 것을 매번 깨닫고 또 느낀다. 살아계신 하나님 파이팅!

14

20살짜리 전도사

고신대학교에서 신학을 배우고 있는데 학기 말쯤에 삼천포교회를 담임하는 심상래 목사님께서 연락을 해오셨다. 자신이 당회장으로 있고 자기 교회에서 개척한 시골 교회에 주일날 한 번 가서 설교를 해달라는 것이었다. 당시 나는 20살이었다. 나는 삼천포란 곳은 처음이라 낯설었지만 양복을 빌려 입고, 토요일에 그 교회로 갔다. 삼천포 시외 버스터미널에서 내려 택시를 타자 5분 만에 도착했다.

도시가 너무 작은 것에 놀랐지만, 그래도 삼천포 외곽에 있는 교회를 찾아 들어갔다. 아주 작은 교회였다. 하지만 고등학교 때 다녔던 생철교회는 가정집 전도사님의 거실이었기 때문에 거기에 비하면 큰 교회였다. 예배당에 들어가니 할머니 한 분이 청소를 하고 계셨다. 그분은 나를 보시더니 "전도사님으로 오신다는 분이냐?"고 묻길래, 나는 "그렇습니다."라고 얼떨결에 대답을 했다. 할머니가 또 물으셨다. "전도사님은 나이가 몇 살이냐?"라고, 나는 차마 20살이라고 못하고 "몇 살쯤 되어 보입니까?"라고 되물었더니 할머니는 "26살 정도 되어 보입니다." 하시길래 "그 정도 되었습니다."라고 하자 할머니는 그 정보를 금방 몇몇 교인들에게 알렸고, 나는 어느새 26살 총각 전도사가 되었다.

 토요일 점심 때가 지나서 도착했는데 한참 벼 베기를 하고 있었다. 나는 두 평 정도 되는 작은 사택 방에 가방을 내려놓고 체육복으로 갈아입고는 마을 옆 논으로 갔다. 그리고 벼 베기를 하는 논에 들어가서 벼 베기를 도와주었다. 그랬더니 "누구냐?", "어디서 왔냐?" "일을 너무나 잘한다"고 칭찬을 했지만 나는 그저 웃기만 했다. 그랬더니 할머니가 내가 교회에 없으니 찾으러 나오셨다.

"전도사님이 여기 계셨네" 하는 바람에 나의 신분이 다 알려지고 말았다. 다음 날 주일 학교 설교와 어른 예배, 오후 어린이 예배와 저녁 예배, 월요일 새벽 기도를 마치고 삼천포교회에 가서 담임목사님을 만나 뵙고 그간 있었던 일들을 말씀드렸다. 그분들이 나이를 잘못 알아 나를 26살인 줄 알고 있다고 했더니 목사님은 "일부러 거짓말한 것도 아니니 됐다."라고 말씀하시면서 "전도사님이 고등학교 다닐 때 그렇게 전도도 많이 하고 주일 학교를 부흥시켰고 설교도 다 했다는 이야기를 듣고 모셨다. 앞으로 전도사로 삼성교회를 맡아 달라"고 하셨다. 그 다음 주부터는 자전거를 한 대 빌려서 전도하러 다녔다. 부임한 교회는 학생들까지 합쳐서 모두 20명이 못 되었는데, 장년은 두 가정이었고 가족 모두 다 교회에 나오고 계셨고, 열심히 자녀들과 함께 봉사하는 가정들이었다.

나는 만나는 사람들마다 교회를 소개하고 가족, 성도, 기존 성도로부터 옛날에 한 번이라도 교회 나왔던 청년들, 학생들, 주변 마을 분들 모두 빠지지 않고 찾아다녔다. 몇 주 만에 교회가 꽉 찬 느낌이 들었다. 나는 월요일 날 학교에 가면서도 신신부탁을 했다. 내가 없어도 매일 저녁에는 꼭 교회에 나와서 기도하고 새벽기도 때도 새가족의 이름을 불러가며 기도하라고 했다. 그러자 성도들은 시키는대로 그렇게 했다.

겨울 방학이 되자 나는 일주일 내내 전도할 수 있었다. 그런데 얼마 지나지 않아 학생들, 청년들만 80명 가까이 나왔다. 교회는 앉을 곳이 없었다. 이때 교인들과 의논하여 교회 뒤에 있는 땅을 구입하여 교회 강대상 쪽을 뜯어내고 증축을 했다. 삼천포 삼성교회에 부임한 지 4개월도 채 못 되어 일어난 일이었다. 나는 자전거를 타고 갈 수 있는 동네는 다 돌면서 전도했다. 그 결과 사람들은 그 멀리서도 버스를 타거나 자전거와 오토바이를 타고 혹은 걸어서 교회로 왔다. 얼마나 감사했는지 모른다. 살아계신 하나님은 참으로 위대하신 분이다.

15

전 교인 100% 새벽 기도에 출석하다

나는 전 교인들이 기도해야 된다고 강조하고 지금까지 하나님께서 내게 베푸신 은혜에 대하여 말씀을 전했다. 어느 겨울날, 새벽 기도에 나갔는데 한 가정이 새벽 기도에 나오지 않았다. 그때 나는 성도들에게 기도하고 있으라고 부탁하고 새벽 기도에 빠진 집을 찾아갔다. 큰 통에 얼음이 얼어 있었다. 나는 조용히 얼음을 깨고 양동이로 물을 담아 방 앞에 섰다. 그러고는 방문을 열고 "새벽 기도 안 하고 뭐 하십니까?" 하고는 잠들어 있는 가족들의 이불에다가 얼음물을 다 부어버렸다.

그분들은 자다가 물벼락을 맞고 이불과 몸이 다 젖었다. 며칠 뒤에 새벽 기도에 그 가정이 또 빠졌다. 나는 교인들에게 기도하다가 가라고 하고는 지난번처럼 얼음물을 담아 마루 위에 올라갔더니 누군가 안에서 인기척을 듣고는 "전도사님이시다!" 하는 소리와 함께 순식간에 불이 켜지고 문을 닫고 들어오지 못하게 문을 붙잡고 실랑이를 벌이며 한바탕 소동이 일어났다.

그분들은 쥐포 고기 공장에서 포를 뜨고 농사도 하고 많이 피곤했을 텐데, 난 아무것도 모르고 열정만 넘치는 총각 전도사였기에 나로 인해 성도들은 늘 긴장된 상태였다. 그러자 전 교인들이 새벽에 물벼락을 안 맞으려고 새벽 기도에 다 나오게 되었다. 청년 전도사의 열정에 하나님께서 은혜를 베풀어 주셔서 결국 교회는 학생들과 청년들 그리고 장년들 포함하여 120명 이상이 모이게 되었다.

16

예배 시간에 끌려 나가는 여학생, 아내가 되다

주일 낮에 오전 예배를 드리는데 아주머니 한 분이 들어오시더니 자기 딸 이름을 부르면서 딸을 찾아서 머리채를 붙잡아 끌고 데리고 나가 버렸다. 나는 다음 날 그 집을 찾아갔다. 왜 그렇게 하시느냐고 물으니 고3이라 공부해야 되는데 교회만 가면 되겠냐고 면박을 주었다. 그런 일이 계속되었다.

예배드리는데 밖에서 딸 이름을 크게 불러서 창피를

주기도 하고, 세례 받는 날도 세례도 못 받게 하며 동네 사람들 앞에서도 창피를 주었다. 동네 사람들조차도 약국집 둘째 딸이 교회에 미쳤다며 욕을 하고 다녔다.

나는 그 어머니를 찾아갔다. 딸과 함께 콩밭에서 잡초를 뽑고 있었다. 딸이 자발적으로 교회에 나가도록 자유를 주시면 공부도 더 열심히 할 것인데 반대하지 마시라고 간곡히 부탁을 드렸다. 옆에 있는 딸에게도 학교에 들어가면 장학금도 받고 더 열심히 하라고 부탁을 하고, 이번 학기부터 성적표를 받으면 가지고 오라고 하니 어머니가 있는 데서 그렇게 하겠다고 약속을 했다. 그리고 그때부터 고 3 때 성적뿐만 아니라 간호대학을 졸업할 때까지 성적표를 가지고 왔다. 언제나 전체 1, 2등을 놓치지 않고 수석 졸업을 하게 되었다. 나중에 군대 가서도 편지를 1500통 넘게 주고 받게 되면서 일기장도 서로 교환해서 보는 사이가 되었다.

하나님의 섭리는 참으로 놀라웠다. 우리는 전도사님

과 학생으로 만나면서 가까워졌는데, 그 여학생은 나중에 군대 제대하고 나와 결혼을 하게 되었다. 세계로교회 사모인 나의 아내는 천사처럼 나의 목회를 돕는 든든한 지원군이다. 할렐루야!

17

전 부대를 저에게
주십시오

학기말 고사를 마치고 곧바로 시골집으로 갔다. 이미 깜깜한 저녁이었다. 나는 학교에서 쓰던 물건을 모두 가방에 넣어 왔다. 어머니는 옷가지를 넣은 가방을 보고는 "어디 가느냐?"라고 물으셨다.

"엄마, 나 내일 군대 간다. 빨리 밥만 먹고 나가야 된다."

어머니는 깜짝 놀랐지만 국에 밥만 말아 먹고 나왔다. 어머니는 우셨다. "엄마 나는 걱정 없다. 어디를 가든지 하나님이 함께 계시니까 엄마도 건강 조심하고 신앙생활 잘해라."

마지막 버스를 놓치지 않으려고 급히 나와 입영 열차가 출발하는 마산에 왔다. 그리고 역 근처에서 군대 갈 사람들을 위해 머리를 깎아주는 이발소에 잠시 들러 머리를 다 밀고 여관에서 자고 아침 일찍 지정된 기차를 탔다. 수많은 가족들이 나와서 서로를 격려하고 손을 흔들었지만,

내가 군대 가는 것을 아는 사람은 어머니밖에 없었다.

아내가 될 사람도 내가 군대 가는 것을 몰랐으니까! 난 아무것도 두렵지 않았다. 걱정도 되지 않았다. 군대 가면 "내가 가는 부대는 다 전도해야지."라는 생각밖에 없었다. 절친이었던 노은환 목사에게는 "내가 군대에 가서 전 육군 부대를 전도하고 올 테니까 기다려라" 하

고 큰소리를 쳤다.

논산훈련소에서 한겨울에 훈련을 받았다. 첫 주일 연무대 교회 앞에는 눈이 많이 쌓여 있었다. 나는 그 눈밭에 무릎을 꿇고 기도했다.

"하나님 여기서 기초 훈련을 받고 어느 부대에 가든지 그 부대를 다 전도하게 해 주십시오. 저보다 먼저 가셔서 일을 하실 줄 믿습니다."

18

701 특공대
– 죽음도 두렵지 않았다

　논산훈련소 훈련을 마치고 한밤중에 60 트럭을 타고 어딘가로 갔다. 깜깜한 밤이라 아무것도 보이지 않았다. 아침에 일어나 보고는 놀랐다. 우리가 잠을 잔 곳은 24인용 검은 텐트였고, 영하 10도의 날씨에 전 장병이 일어나 구보를 하는데 입김이 얼어서 눈썹과 머리가 하얗게 되어 있었다. 장병들의 고함과 기합 소리는 너무 커서 사람의 말은 들리지 않았다. 상의는 벗고 뛰어서 상체가 얼어 있었다. 나는 곧바로 701 특공대 7중대 소속이 되었다.

　어느 날 행정반장이 물었다. "너는 사회에서 뭘 하다 왔어?"
　"신학생입니다."

　그는 나를 보고는 한마디 했다.

　"신학생이 얼마나 죄를 많이 지었으면 여기에 왔을까?"
　"여기는 예배도 못 드려"

　신입이 들어왔다고 소대 회식을 하는 데 고참이 주는 술을 세 번이나 거절하자

　"네가 살아있는 동안 나를 기억하게 해 주겠다"고 했다.

그분의 말은 맞았다. 지금도 그 이름이 생생하게 기억난다.

우리 부대는 일반 보병 부대에서 차출하여 만든 창설 부대였다. 그 사람들에게 특수 훈련을 시키기 위하여 휴일도, 주일도 없이 훈련을 하고 전 부대원은 예외 없이 훈련에 임하고 있었다. 막사도 전부 텐트밖에 없었다. 예배당은 특공연대 본부 앞에 장교 부인들을 위하여 만든 텐트 예배당이 있다고 했다. 나는 이 부대를 복음화시켜야 되는데 복음화는 고사하고 예배 자체를 드릴 수 없게 되었다.

첫 주일 아침, 전 장병들은 연병장에서 중대별로 특공 무술을 배우고 있었다. 나는 특공 무술을 하던 중 앞으로 나가 교회를 가겠다고 교회를 가게 해달라고 했다. 일직 사령관은 "여기 교회 가는 놈 어디 있어? 가장 어린 놈이 교회?" 그 자리에서 다리로 내려찍기를 하여 내 어깨에 내리쳤다.

나는 자빠져서 기절을 했다. 일어나 보니 다른 사람들은 훈련을 하고 있었다. 나는 다시 경례를 하고 교회를 보내달라고 했다. 그 사람은 제비 손날치기로 나의 목을 쳤고, 나는 또 기절했다.

잠시 뒤 일어나 일직 사령관에게 경례를 하고는, "이병 손현보 종교 활동 다녀오겠습니다."라고 보고하고 교회를 향하여 가버렸다. 일직 사령관은 고함을 지르며 돌아오라고 했지만 나는 뒤도 돌아보지 않고 교회로 향했다. 예배는 시작되었고 나의 눈에서 눈물이 하염없이 흘러내렸다.

예배를 마치고 부대에 들어갔더니 모든 사람들의 표정이 말이 아니었다. 고참들의 눈에는 살기가 느껴졌다. 취침 시간에 누웠는데 누군가 이마를 쳤다. 눈을 떠보니 손가락으로 따라오라는 신호를 했다. 텐트 뒤로 가보니 고참 병사들 7~8명이 둘러 서 있었다. 엎드려뻗쳐를 하게 하고는 얼은 참나무 몽둥이로 돌아가며 때렸는데, 나는 너무 맞아 아무 감각이 없었다. 이를 악물고 속으로 외칠 뿐이었다.

"여기서 죽는 한이 있어도 예배는 빠지지 않겠습니다." 다음 날도 그다음 날도 저녁마다 맞지 않는 날이 없었다. 주일이 되면 어김없이 교회 가게 해달라고 하고 두 번 퇴짜를 맞으면 경례하고 그냥 가버렸다.

얼마나 많이 맞고, 또 맞고, 또 맞았는지 나는 그냥 인간이 아니었다. 목에 총구로 찔리고, 가름쇠로 머리를 쳐서 머리가 깨지고 삽으로 맞아 입술이 쪼개지기도 했다. 아무도 못가는 부대에서 이등병 신참(新參)이 혼자 교회를 다니며 겪었던 일은 어떤 말과 글로도 다 표현할 수가 없다.

이 글을 쓰면서도 당시 상황을 생각하면 눈에 눈물이 흘러내린다. 주일날 예배를 드릴 자유가 있지만 우리 부대는 특수 훈련 때문에 예배를 못 드리고 있었다. 나는 그때 이렇게 생각했다. '최악의 상태라도 죽는 것밖에 더 하겠나.' 2~3일마다 비상이 걸렸다. 그러면 완전 무장하여 5분 안에 모든 장비를 갖추어서 연병장에 집합해야 한다. 고참들은 그것을 알고 비상이 걸리면 나의 방독면, 칼, 수통 등을 숨겨버렸다. 연병장에서 점검을 하는 하사관들과 장교들은 나에게 없는 장비를 보고는 또 때렸다.

어느 날은 고참들, 하사관들, 장교들에게 너무 많이 맞아 침낭에 누웠는데 거의 의식이 희미해졌다. 눈을 떠보니 나도 모르게 오줌과 변으로 침낭 안이 엉망이 되어 있었다. 나는 침낭을 들고 화장실로 가서 얼마나 숨죽여 울었는지 모른다.

'이걸 어떻게 처리해야 하지?' 그날을 생각하면 지금도 그 절망감은 말로 다 표현할 수가 없다. 그래도 나는 예배를 빠지지 않았다. 누군가가 희생하지 않으면 자유를 누릴 수 없기 때문이다. 예배의 자유를 위해 얼마나 많이 맞고 울었는지 나의 하나님만이 아실 것이다.

6개월 이상을 이렇게 지냈다. 지옥이 따로 없었다. 하루도 맞지 않고 자는 날이 없었기에 저녁이 되면 일단 맞아야 안심하고 잠을 잘 수가 있었다. 그런데 6개월이 지난 어느 주일, 연대 본부에서 올라오라는 연락이 왔다. 교회 가야 되는데 나는 성경을 들고 연대로 올라갔다. 연대 일직 사령관이 계셨다. 내가 보고를 하고 서 있자. "네가 손현보냐?"라고 물었다.

"네 일병 손현보!" 그러면서 나를 살펴보더니 손가락에 입김을 '후~' 하고 불며 가라는 시늉을 했다.

나는 어리둥절하여 "방금 왔는데 어디를 가라는 말씀입니까?" 하고 물었더니 "너는 교회에 못 가게 해도 간다며 이제 너 혼자에게만 예배를 드릴 수 있는 특권을 줄 테니 주일마다 교회에 가도 좋아."

나는 날개를 단 것처럼 기뻐 교회로 달려갔다. 그때 교회에 가서 얼마나 많이 울었는지 모른다. 울음을 속으로 참으려고 해도 참을 수가 없었다. 701 특공대에 온 지 6개월이 되기까지 서러워서 울고, 감사해서 울고, 아파서 울고, 나중에야 사람들이 물었다.

"너는 교회만 가면 왜 그렇게 소리 내어 울었어?" 그 서러움은 주님의 집에만 가면 터져 나왔기 때문에 실컷 울었다. 나는 그다음 주에는 한 명을 더 데리고 갔다. 연대 사령관은 "뒤에 있는 놈은 뭐 하는 놈이냐?"
"함께 교회에 갈 사람입니다."
"너 혼자만 가라고 했잖아." "같이 가야 됩니다."

사령관은 기가 차는지 그냥 가게 해주었다. 그렇게 해서 내 아래 사람들부터 한 명 한 명 교회에 데리고 갔다. 그러나 고참들은 눈이 뒤집어져서 나에게 협박을 가했고 계속적으로 고통을 주었다.

어느 날 육군 본부 전투력 측정을 앞두고 새벽 기도를 갔다.
"하나님, 나는 특공대에 왔지만 잘하는 것이 하나도

없습니다. 특공 무술도, 태권도도 무엇 하나 잘하는 것이 없습니다."라고 했더니 성령님의 음성이 들렸다.

"너는 군장 구보를 잘하잖아?"

그렇다. 특공대는 48kg 군장 구보, 24kg 군장 구보, 10kg 군장 구보, 처음 뛰면 전부 다 낙오하는데 나는 처음부터 잘해내었다. 옛날 무척산 기도원의 그 높은 산에 40kg 쌀을 지고 하루에 다섯 번까지 오르내렸고, 무척산을 그렇게 수천 번을 오르내렸으니 그것만은 자신이 있었다.

다음 날은 부대를 창설하고 얼마나 전투력이 올랐는지 육군 본부에서 측정을 하는 날이었다. 이날 점수를 잘못 받으면 부대를 창설하고 고생했던 보람이 다 사라지고 장교들은 물론 부대의 명예가 걸린 중요한 날이었다. 16개 중대 전 장병이 완전 군장하여 연병장에 대기하고 있는데, 육군 본부에서 무작위로 한 중대씩 불러내어 여기는 사격을 명하면 그 부대원들은 그 자리에서 사격장으로 가게 되었다. 우리 중대 앞에 와서는 "여기는 군장 구보!" 중대원 한 명도 낙오 없이 함께 들어 와야 되고, 한 명이라도 늦으면 가장 늦게 들어온 사람으로 점수가 매겨진다.

우리 중대는 줄을 맞추어 달렸다. 장교, 하사관, 고참들 눈에서 열기가 뿜어져 나왔다. 오늘 잘못되면 속된 말로 '죽었다'고 봐야 할 것이다. 6월 말인데 너무 더운 날씨였다. 반환점을 돌자 한 명이 쓰러졌다. 하사관들이 와서 부축하고 군장을 분해하여 나누어 메었다. 그런데 4km 정도를 앞두고 1명이 또 쓰러졌다. 모두가 난감해했다. 이러면 속도가 늦어져서 들어와도 점수가 미달될 수가 있고, 그렇게 되면 수개월 준비한 부대의 모든 노력이 헛수고가 될 수 있었다. 그때 내가 달려 나갔다. 나는 그 중대원의 군장, 총 등 내가 다 들었다. 내가 짊어지고 있는 군장이 있었기에 쓰러진 병사의 군장은 앞으로 메었다. 그러고는 중대 본대보다 50m

이상 앞으로 나가서 뛰었다. 부대원들은 모두가 나를 보고 힘을 내었다. 그러나 2km 정도를 남기고는 나의 다리에 갑자기 쥐가 내리기 시작했다. 그때 나는 하나님께 삼손처럼 부르짖었다.

"하나님! 죽더라도 부대까지 들어가서 죽게 해주십시오! 부대까지만 들어가게 해주십시오!"

나는 아무 생각이 없었다. 부대에 가까워지니 연병장에 헬기가 20대도 넘게 와 있었다. 모든 부대들이 견학을 온 것이었다. 부대 정문을 향하여 뛰어가는데 별 4개부터 3개, 2개 장군들 수십 명이 내가 달려오는 모습을 지켜보고 있었다. 내가 정문을 통과하려는데, 그 사성장군(四星將軍)이 지휘봉으로 나를 가리키며 '특공대의 표상이다'라고 외쳤다. 그날 우리는 아주 좋은 성적을 내었고, 나는 '특공대의 표상'이 되었다. 하지만 안타깝게도 측정이 끝나고 1명은 정신 이상이 되었고, 또 한 명은 죽었다.

나는 군 입대를 하고 면회를 오겠다는 엄마와 가족들에게 잘 있으니 오지 말라고 극구 말렸다.

그래서 제대할 때까지 우리 가족은 한 번도 면회를 오지 않았다. 면회를 와야 먹을 것도 생기고, 고참들에게 떡이라도 가져가야 좋아하는데, 나는 한 번도 그러지를 못했다. 서울에 애인이 있었던 한 소대원은 거의 매주 면회를 와서 뭘 사가지고 오니 다들 좋아하고 귀여워해 주었는데 나에게는 그런 일이 전혀 없었다.

내가 고생하는 모습을 보여주면 엄마 마음이 얼마나 아플까 생각하니 마음이 아파 면회를 오지 못하게 했다. 그래도 하나님이 함께하시니 나는 외롭지 않았다. 네 앞서 내 사자를 보내어 너를 인도할 것이다. 나는 그 꿈을 결코 잊은 적이 없었다. 하나님은 항상 그렇게 나를 인도하셨다. 그날 이후로 어떤 고참도 나를 때리는 사람이 없었다. 나는 특공대의 표상이 되어 군단장으로부터 상장을 받았다. 701 특공대 전체를 모아 놓고 연대장은 내게 간증할 시간을 주었다.

나는 전 장병들 앞에서 외쳤다.

"군대 생활이 잃어버린 전혀 필요 없는 시간이 아니라, 내 인생에 가장 위대한 시간이다."라고 설파하면서 하나님께 영광을 돌렸다. 그때부터 종교의 자유가 주어졌고, 주일마다 교회 갈 사람은 나오라고 중대마다 연락이 왔다. 교회 건물이 없어 텐트에서 예배를 드렸는데 좁아서 더 이상 예배를 드리지 못하고 면회 보는 장소에서 예배를 드렸다. 주일이면 부대마다 교회 갈 사람들이 줄을 맞추어 교회로 왔다.

우리 중대는 내가 먼저 데리고 갔다. 교회가 이렇다 보니 의자를 깔아야 하고 마치면 의자를 치워야 했다. 우리 중대가 전 연대보다 더 많았다. 몇몇 신학생들과 마음을 같이 하여 월급으로 보온 통을 사서, 생강차, 커피를 끓여서 근무자들에게 돌리며 전도를 했다. 우리 소대는 교회를 다니지 않던 두 고참이 찾아와 "우리도 교회 가면 되겠나?"라고 말했다. 나는 기쁨으로 그들을 맞이했다. 너무나 놀랍게도 전 소대가 한 명도 빠지지 않고 전부 교인이 되었다. 할렐루야! 살아계신 하나님께 지금도 그날을 생각하며 감사를 드린다.

19

1월 1일 새벽에 부대장 관사를 찾아가 전도하다

제대를 몇개월 앞두고 연말에 깊은 생각에 잠겼다. 부대 전체를 복음화시키기 위해서 부대의 책임자인 연대장을 전도해야겠다는 생각을 하고 몇몇 신학생들을 불렀다.

"우리가 제대하기 전에 연대장을 전도하자. 그래야 이 부대가 계속 예배를 드리지 않겠어?" 다들 난감해했다.

"어떻게? 연대장을? 가능할까?"

"1월 1일 새벽에 연대장 관사에 가서 부탁을 한 번 하자" 했더니

"관사에 가다가 총 맞으면 어떡하려고?"

"내가 알아서 할게." 그러자 몇 명은 빠지고 4명 정도가 1월 1일 새벽 4시 30분이 지나서 관사를 향했다. 관사 앞에 갔더니 보초병들이 "손들어! 암구호!" 등등 물었다.

나는 그들에게 연대장을 만나러 왔다고 말하고 약속이 되어 있다고 말했다. 근무자들은 그런 보고를 전달받은 적이 없다고 했지만 설득하여 관사에 들어갔다. 거실에 앉아 기도하고 있는데 인기척을 들은 사모님이 나오셨다. 사모님은 우리를 보고 노발대발(怒發大發)하셨다.

"1월 1일 새벽부터 병사들이 연대장 관사에 와서 뭐 하느냐"고

나는 "연대장님이 교회를 나가지 않으면 이 자리를 뜨지 않겠다."라고 말했다.

그 소란에 연대장님은 파자마 바람으로 나오셨다. 나는 "연대장님, 우리는 신학생들입니다. 우리는 날마다 부대를 위해 기도합니다. 그래서 연대장님도 교회에 나오셔서 함께 예배드리고 기도하면 좋겠습니다. 연대장님께서 허락하실 때까지 이 자리를 떠나지 않을 것이고, 영창에 보낸다 해도 이 자리를 떠나지 않을 것입니다."

연대장님은 얼굴이 울그락불그락 해졌다. 그렇게 서 계시더니

"그래? 그러면 기도 한번 해봐"라고 하시면서 앉으셨다.

내가 기도를 했다. 그러자 연대장님은 "이제 돌아가!

이번 주부터 교회 가겠네."

그리고 주일날 연대장님은 참모들 전원을 대동하고 교회에 출동했다. 그 당시 나는 율동 선생이었다. 율동을 하면서 연대장님에게도 함께 하도록 권유했다.

"연대장님, 교회는 계급이 없습니다. 이등병이나 연대장님이나 다 한 형제입니다. 함께 율동을 해 보십시오."

연대장님은 몇 번 따라 하시더니.

"잘 안 되네" 하시면서 예배를 드리고 가셨다.

다음 날 연대 인사 장교가 불러서 갔다. 그분은 나를 노려보면서 이렇게 말했다.

"뭐? 교회는 계급이 없어! 이 자식아 네가 그걸 말이라고 해?" 하면서 워커(군화)로 걷어차려고 했으나 차마 때리지는 못하고 "앞으로 그런 소리 하지 마라"고 하셨다. 하나님의 크신 은혜로 연대장님과 사모님, 아이들, 우리 대장님과 사모님과 아이들 다 나와서 예배를 드리고 다른 대대 사모님들도 다 나오셨다. 얼마나 감사한지 모른다. 그래서 나는 영관급 이상의 사모님들과 제자반 공부를 제대할 때까지 함께 했다.

20

최초의 육군 병사 도서관! 하루 만에 4천 권의 책을 모으다

 나는 군에 들어와 책을 읽고 싶었지만 사실상 불가능했다. 젊은 병사들이 군대 와서 2년 반 동안 책을 한 권도 읽지 않고 보내는 것은 재앙에 가까운 일이라고 생각했다. 그래서 소대장님께 나를 추천해서 이틀만 휴가를 보내주면 책을 모아서 도서관을 만들고 싶다고 했다. 이 말을 들은 소대장님은 "그것이 가능하겠나? 그냥 건강하게 제대하는 게 최선이다."라고 하시며 거절하셨다.

나는 중대장님께 상담 신청을 하고 같은 말을 했으나 중대장님도 역시 소대장님과 같은 말을 했다. 나는 꼭 도서관을 만들고 싶었기에 대대장님을 찾아가기로 했다. 그런데 인사 장교부터 다 거치면 틀림없이 미친 이야기를 한다고 할 것이 틀림없어 보였기에 대대장 전용 문을 두드렸다. 안에서 "누구야 들어와?" 나는 관등성명을 대고 인사를 했다. 그러자 "어쩐 일이야?" 말해봐.

나는 간단하게 말했다.

"젊은 시절 군대에 와서 2년 6개월 동안 책 한 권을 읽지 않고 제대를 하게 되면 이것은 재앙과 같습니다. 저를 이틀만 서울에 휴가나 외박을 보내주시면 책을 구해 와서 도서관을 만들겠습니다."
"아는 사람이 있나? 자신 있어?" 나는 크게 대답했다.
"네! 보내만 주십시오." 대대장님은 그 자리에서 인터폰으로 인사 장교를 불렀다.

인사 장교는 내가 들어온 줄도 모르고 있다가 내가 거기에 서 있자

"너 어디로 들어왔어?" 대대장님은 인사 장교에게 "당장 휴가증 끊어줘."

대대장실을 나와서 인사 장교는 험악한 말을 했다. 자신을 거치지 않고 대대장을 만난 것이나, 도서관을 만들겠다는 황당한 이야기를 했다고 말이다. 그러면서 "책을 못 구해오면 죽을 줄 알아" 하면서 휴가증을 끊어주었다.

나는 바로 부대 앞에서 버스를 타고 불광동에 도착했지만 서울에서 내가 알고 있는 사람은 아무도 없었다. 나는 하나님께 기도를 하고는 아무 버스나 탔다. 그러곤 운전기사 옆에 서서 밖을 내다보며 학교를 찾았다. 얼마를 가자 학교 건물이 보였다. 나는 무조건 버스를 멈추게 하고 그 학교를 찾아갔다. 학교는 점심시간이었다. 교무실에 가서 교장 선생님을 만나러 왔

다고 했더니 교장 선생님은 안 계시고 교감 선생님이 식사하러 가셨다길래 찾아가 만났다. 교감 선생님에게도 부대 지휘관들에게 말한 것을 똑같이 말했다. 그러자 교감 선생님은 부대에 전화를 걸어서 확인을 하고는 내일 아침에 다시 연락하라고 하셨다. 학교 이름도 모르고 찾아갔는데 알고 보니 명지중·고등학교였다. 그래서 나는 다음 날 오전에 전화를 걸었다. 교감 선생님은 학교로 오라고 하셨다.

학교에 가보니 책이 한 트럭이나 실려 있었다. 4000권! 어제 종례 시간에 학생들에게 군대에 도서관을 만드는데 한 사람당 두 권씩 양서를 가지고 오라고 했는데 아침에 4000권이 모인 것이다.

나는 부대에 전화를 하곤 그 차를 타고 갔다. 부대에 갔더니 이미 도서관 할 곳은 비워 놓고 청소를 마치고 책이 오기를 기다리고 있었다. 단 하루 만에 도서관이 만들어졌다. 나는 책을 분류하고 목록표를 붙이고 책을 대출해 주었다. 우리 하나님께서 아이디어를 주시고 사람의 마음을 감동시켜 도와주시니 하루 만에 도서관이 생겼다. 내가 알기로 대한민국 부대에서는 처음으로 생긴 간이 도서관이었다.

모두가 가기 싫어하고 특별히 지원하지 않았는데도 차출되어 와서 인간의 한계를 넘는 훈련을 하면서 수많은 사람들이 불평, 불만을 했지만 나는 한 번도 그렇게 하지 않았다. 이 군대 생활은 가장 소중한 내 인생의 일부분이다. 원하지 않았지만 하나님께서 허락하셨으니 최선을 다하기로 했다.

사람들은 어려운 훈련으로 도망가고 기피하려고 했지만 나는 적극적으로 임했다. 군대가 아니면 언제 이런 경험을 할 수 있을까? 하나님이 허락하신 이곳에서 하나님의 역사를 이루어야지! 부산 구치소에 들어왔어도 어느 간부와 먼저 잠깐 상담을 하니 이렇게 말씀했다.

"목사님 어렵지만 잘 지내고 불편한 것이 있으면, 언제든지 말씀하시면 직원들이 도와드릴 것입니다."

처음 내가 들어온 곳은 80cm 넓이의 독방이었다. 벌레도 몇 마리 있고 모기도 있었지만 나는 감사하여 눈물이 났다.

옆방에는 한 방에 여러 명씩 있는데 나는 독방이라니, 작은 화장실도 있었다. 머리를 스치며 드는 생각이 옛날 '군대 생활에 비하면 호텔이네.'

감옥의 특징 중 하나가 24시간 불이 꺼지지 않게 하여 감시하고 있다는 것이다. 잘 때가 되면 조도가 조금 낮아지기는 하지만 불이 환하게 켜져 있고 CCTV도 방 안에 깔려 있다. 그래서 나는 오늘도 새벽 4시에 일어나서 이 글을 적을 수 있다. 어디든지 하나님이 계시니 두려워하거나 걱정할 필요가 없다. 제대할 때 한 군종병이 나에게 이렇게 이야기했다.

"손 병장님은 화성에 갖다 놓아도 생존하실 분입니다."

화성도 하나님의 통치 안에 있으니 어디든 못 살겠는가?

21

10만 원으로, 5일 만에 결혼

하나님의 은혜로 군 복무를 마치고, 무척산 기도원에서 전도사로 1년을 있다가 광안남교회로 와서 결혼을 하게 되었다. 아내와는 군대에서도 계속 편지를 주고받으며 결혼을 약속했었는데 아내의 부모님은 너무나 완강히 반대를 하셨다.

나는 무일푼의 신학생이고 아내의 아버지는 약국을 2개나 운영하였고, 무엇보다 아내를 교수님들이 추천하여 진주 간호대학 교수 요원으로 문교부에서 자격까지 허락을 받았는데, 나와 결혼을 하는 순간 모든 것은 물거품이 되고 말 것이기 때문이었다. 그리고 편지가 왔는데 "더 좋은 사람을 찾는 게 좋겠다."는 메시지였다. 부모님의 강요에 의해 어쩔 수 없이 다른 사람과 맞선도 한 번 보았다고 했다. 아내 쪽은 예수 믿는 사람이 아내 말고는 누구도 없었다. 나는 서울에서 일하고 있는 아내에게 전화를 걸었다.

"이 선생! 나와 결혼할 거야? 하려면 다음 주 화요일에 하자. 내려오면 하는 거고, 안 오면 어쩔 수 없는 일이다."라고 말했다. 잠시 망설이더니 내려오겠다고 했고, 결혼 5일을 남겨 놓고 마지막으로 아내 집으로 가서 가족들을 설득하기로 했다. 먼저 진주에 가서 처형 집에 들렀다. 언니는 1층 처형 집에서, 남자들은 2층 다방에서 대화를 했다. 대화는 서로가 일방적이었다. 가족들은 나와 결혼하면 반드시 후회할 거라고 조건 좋은 남자들이 얼마나 많은데 하필 나냐며 설득을 했고, 남자들은 "당신이 우리 영례를 진정으로 사랑하면 물러나"라고 했다.

결국은 몸싸움까지 일어날 것 같아 나는 내려왔다. 아내와 가족들이 다투고 있었다. 말로는 해결할 수 없는 상태였다. 그때 시내버스가 왔다. 나는 버스 앞문에 올라타고는 외쳤다.

"이 선생 나와 결혼할 거면 타고, 아니면 그냥 간다."

버스 운전사가 짜증을 내며 문을 닫든지, 내리든지 하라며 소리를 쳤다. 나는 잠시 양해를 구했다. 가족들은 아내 머리를 잡고선 거의 난투극을 벌이고 있었다. 나를 따라가면 우리와 인연은 끝이라고 말했다. 그러나 아내는 버스를 향해 왔다. 머리는 헝클어져 있었지만 더 이상 어쩔 수가 없었다.

우리는 성경을 다섯 번 읽고 결혼식을 하자고 약속을 했다. 아내는 약속대로 결혼식 아침까지 성경책을 다섯 번 읽고, 내게 확인을 받고 결혼식을 하게 되었다. 나는 담임목사님께 주례만 서 달라고 하고 아무것도 없이 결혼식을 했다. 웨딩드레스는 누가 공짜로 주었다.

10만 원을 교회 주방에 주면서 비빔밥을 해달라고 했다. 어머니께도 전화를 드렸다.

"엄마 화요일에 나 결혼한다. 차 빌려서 오면 내가 갚을게."라고 했다.

신혼집을 3만 원에 계약금으로 하고 방 한 칸을 빌렸다. 결혼식 날 처가 쪽 가족들은 교회에 들어오지 않고 밖에 서 있었다. 밖에서 "도둑놈의 새끼"라고 욕하는 소리가 안에까지 다 들려왔다. 처가에서 반대하는 결혼이라 아내는 울음 때문에 화장이 다 지워져서 다시 화장을 하고 결혼식을 올릴 수가 있었다.

예식을 마치고 나니 축의금이 150여만 원이 들어왔다고 했다. 어머니가 빌린 관광버스 비용을 주고, 비디오 촬영비 주고 남은 돈으로 부곡하와이에 전도사님 두 분과 신혼여행을 갔다. 신혼여행지에서도 침대 사이에 꽂힌 이불이 어디 있는지를 몰라서 입고 있던 코트를 이불 삼아 덮고 잤다.

우리는 신혼여행을 갔다 왔지만 아무것도 없었다. 밥상 하나, 냄비 하나, 수저 하나 없었다. 광안리 시장에 가서 냄비와 수저 2개, 수세미, 그리고 라면을 사 가지고 와서 불도 들어오지 않는 방에서 하루를 보내고 아내는 서울로 밤 근무를 한다고 올라갔다. 아내의 직장 동료들도 아내가 결혼을 했는지 그때까지 아무도 몰랐다. 내가 급히 뽑아준 사진을 갖고 가서 결혼한 사실을 동료들에게 꼭 알리라고 했다. 결혼 사진을 보고 알게 된 직장 동료들이 얌전한 고양이 부뚜막에 먼저 올라간다며 놀리면서도 축하를 해주었다고 한다.

22

사례만으로 살기로 아내와
약속하다

 1988년 2월 9일 날 결혼을 했는데 우리는 서로 약속을 했다. 난 목회자로서 어떤 일이 있어도 생계를 위하여 돈을 빌리지 않고, 없으면 기도하고, 그래도 없으면 금식하고 절대 하나님만 의지하며 살기로 작정했다. 4월이 되어 아내가 내려온다고 짐을 가지러 오라고 했다. 나는 주머니를 다 뒤져보아도 500원밖에 없었다. 남에게 빌릴 수는 없었다. 가까운 할머니 댁에 가서 서울에 가서 아내를 데리고 올 것이라고 했더니 차비를 하라며 5500원을 주셨다. 그것으로 표를 끊어 기차를 타고 서울에 갔다. 부산역에서 서울까지 통일호 기차비가 그 당시 5천 원이었다.

서울역에 내렸지만 돈이 10원도 없었다. 나는 아내에게 수신자 부담으로 전화를 걸어 지금 택시 타고 병원 앞으로 갈 거니까 택시비 준비해서 나와 있으라고 하고 아내를 만나서 부산으로 내려왔다. 아내는 필요한 것을 언제든지 살 수 있는 집에서 자랐고, 나는 밥 두 그릇을 엎어서 한 번에 먹을 수만 있다면 평생 불평하지 않겠다고 서원한 사람이라 많이 부딪혔다.

어느 날 새벽 기도를 갔다 오니 아내가 없었다. 하루 종일 보이지 않았다. 그때는 휴대폰이 없었기에 사람을 찾을 수가 없었다. 밤이 늦어서야 돌아왔는데 친정에 갔다왔다는 것이다. 그리고 큰 가방에 가정에 필요한 생활필수품을 넣어 왔다. 나는 화를 내었다. "절대 빌리거나 사람에게 의지하지 않기로 하지 않았나? 하나님을 의지하면 만나처럼 다 채워주실 것이니 다시는 그러지 말라"고 했다. 그러나 아내는 7번이나 친정을 갔다 왔고, 그럴 때마다 나는 화를 내며 싸웠다.

마음 여리고 착한 아내는 그저 눈물만 흘릴 뿐이었다.

그러던 어느 날 저녁을 먹는데 아내가 말했다.
"이젠 더 이상 쌀도 돈도 아무것도 없어요." 우리는 기도했다.

"하나님! 주시면 먹고 안 주시면 금식하겠습니다. 절대 사람에게 꾸러 가지는 않을 것입니다. 광야에서도 만나를 주셨는데 필요한 것 다 주실 줄 믿습니다. 아멘!"

나는 두렵지 않았다! 이건 사실이다. 새벽에 일어나 새벽 기도를 마치고 집으로 왔는데 발에 뭔가 걸려 아래를 쳐다보니 쌀자루였다. 감사하며 아내와 나는 밥을 지어 먹었다. 며칠 뒤 그 근방에서 쌀집을 하시던 할아버지가 쌀을 갖다 놓았다는 것을 알게 되었다. 쌀집 할아버지는 아내가 근무하는 남천병원 주사실에 주사를 맞으러 갔다가 아내를 알게 되었다. 아내가 쌀을 조금씩 조금씩 사가는 것을 보고 형편이 어려운 것을 알고, 갑자기 자다가 감동을 받아서 쌀을 갖다 놓았다고 했다. 그 할아버지는 교회에 한 번도 온 적이 없는 분이었는데 우리가 전도를 해서 세례도 받았다. 그 모든 것이 하나님의 크신 은혜이고 다른 말로는 설명할 수가 없다.

23

교회를 옮겨라

 주일 낮 예배를 드리는데 담임목사님께서 설교하고 계시는 시간에 갑자기 음성이 들려왔다.

 "교회를 옮겨라." 또다시 "교회를 옮겨라."고 2번이나 연속해서 음성이 들려왔다.

 점심 때 교회 옆에 있는 집에 와서 아내와 식사를 하면서 "오늘 예배를 드리는데 교회를 옮겨라!고 하시는 음성이 들려왔다"고 말했더니 아내는 아무 말이 없었다. 이제 병원에 취직하여 안정된 생활도 하고 주사실 수간호사로 직책도 주어졌고 전도도 많이 하고 있는데 어디를 간단 말인가 하고 생각했을 것이다.

지금도 그렇지만 우리 교회에서 전도를 가장 많이 하는 사람은 아내이다. 학생들도 아내의 반에 최고 많이 모였다. 지금도 어른이 된 몇몇 학생들과도 연락을 하고 지낸다. 식사를 마치기도 전에 박영준 목사님으로부터 전화가 왔다.

"우리 교회에 교육전도사로 와 달라"는 것이었다. 거기는 함안에 있는 음성으로 판명된 나환자촌 교회였다.

그 이야기를 아내에게 했더니 "자기는 못 가니까 가고 싶으면 혼자 가라"고 말했다. 오후 예배를 마치고 저녁에 앉아서 아내에게 다시 이야기를 했다. 담임목사님께는 말씀을 드렸고 목요일 날 이사를 갈 것이라고 했다. 주일이라도 한 번만 더 보내고 가면 좋겠지만 난 지체하고 싶지 않았다.

아내는 눈물을 흘리며 이야기했다.
"딸 찬미가 6개월밖에 안 되었는데 나환자촌으로 어떻게 가느냐"고. 이때 난 되받아쳤다. "학생 때는 소록도 봉사도 갔으면서 왜 못 가."

나중에 말해줘서 알았지만 아내는 다음 날 딸을 업고 용호동 나환자촌에 갔다 왔다고 했다. 아내의 마음은 더욱 확고해졌다. "가려면 당신 혼자 가세요." 그러나 결국은 목요일 날 울면서 함안으로 따라왔다. 우리가 생각했던 것보다 교회는 좋았고, 목사님도 성도님들도 너무나 좋았다.

대학원 3년 동안 나는 고신대학교 기숙사에 있으면서 금요일에 교회에 왔다가 월요일 아침이면 학교를 가야 했다. 아내는 간호사라 교인들에게 주사를 놓아주며 사랑을 받고 있었다. 주일 학교는 전도할 수도 없고, 안 된다고 하지 마라고 하는 주일 학교 부장 선생님의 말씀을 뿌리치고 나는 매일 학교 앞에 가서 전도를 했다. 학생들을 데리고 왔지만 여기가 나환자촌인 걸 알아차린 아이들은 납치되어 온 것처럼 굳어 있다가 다시는 오지 않겠다고 하고 우리 마을에 사는 애들을 놀리기도 했다.

부장 장로님은 "보라고! 이렇기 때문에 전도를 하지 말라고 한 것입니다. 교회도 오지 않고 우리 아이들만 놀린다니까요."

그래도 나는 매일 믿지 않는 아이들을 찾아 나섰고 선생님들에게도 그렇게 시켰다. 우리의 정성에 감동한 아이들이 멀리서부터 100명, 200명까지 왔다. 참으로 감동 그 자체였다.

당시 사례는 많이 받았지만 차비와 기숙사 식사비로

는 모자랐다. 아내는 둘째 영광이를 낳았다. 생활비가 부족하니 아내는 성도들이 먹으라고 주는 단감, 동이 감들을 상품 가치가 있는 좋은 것들만 골라 머리에 이고는 교인들이 볼까봐 노심초사 불안해하면서 한 시간을 걸어서 가야시장 과일 가게에 가서 팔았다. 그 돈으로 학교 갈 차비와 용돈을 마련했다.

어느 날 학교를 가야 되는데 돈이 없었다. 나는 기도했다.

"하나님께서 돈 주시는 데까지 갈 것입니다." 교회에서 걸어서 가야읍 터미널로 가는 도중에 집사님이 트럭을 태워주어서 터미널까지 도착했다. 그런데 돈이 없어서 차표는 사지도 못하고 그냥 터미널 의자에 죽치고 앉아 있었다. 한두 번 차가 떠나고 난 다음 집으로 돌아가려는데 누군가 불렀다.

"전도사님 학교 가십니까?"
"네. 차 기다리고 있어요." 했더니 학교에서 식사라

도 한 번 하시라고 2만 원을 주셔서 그 돈으로 차표를 끊어서 학교에 갔다.

누가 밥을 사주면 먹고 안 사주면 안 먹었다. "왜 밥을 먹지 않느냐?"고 물어보면 금식한다고 했다. 나와 결혼하고 아내는 마음이 많이 상했을 것이다. 나 때문에 서울에서도 직장을 그만두고, 부산에서도 직장을 그만두고, 나환자촌 사람들을 돌보고 두 아이를 키우느라 아내는 무척 고생이 심했겠지만, 그곳 성도님들은 너무나 사랑이 많고 친절한 사람들이라 함께 지낼 수 있는 것이 큰 축복이었다. 지금 생각해도 그때가 가장 풍요롭고 행복한 시간들이었다.

24

병원에서의 기적
- 3만 원의 기적

    대학원 졸업을 앞두고 아내는 두 아이를 안고 새벽 기도를 가다가, 빙판에 미끄러져 다리가 부러지고 말았다. 나는 아내를 태우고 병원에 갔다. 석고붕대를 해야 하는데 6만 원이 든다고 했다. 내가 가진 돈은 3만 원밖에 없었다. 아내는 치료실에서 석고붕대를 하고 있는 중이었고, 끝나면 결제를 해야 되는데, 돈이 없었다. 나는 기도했다.

"하나님! 절대 돈 빌리지 않을 것입니다. 하나님께서 해결해 주십시오." 하고 있는데

누가 "전도사님!" 하고 불렀다.
머리를 들고 쳐다보니 나환자 교회 집사님이셨다.

물론 잘 아는 사이는 아니었다. 그는 지나가다 득성교회 봉고 차량이 있는 것을 보고 누군가 하는 호기심이 생겨서 병원 안에 들러 보았다고 했다. 나는 아내가 다쳐서 왔다고 말하자 치료 잘하시라면서 3만 원을 주고 갔다. 나는 하나님께 감사하면서 깁스 값을 결제하고 아내와 함께 나왔다. 얼마 후 아내는 나와 함께 깁스를 한 채로 세계로교회로 부임해 왔다.

하나님을 의지하면 하나님은 필요한 것들을 넉넉히 채워주신다. 의심할 이유가 하나도 없다. 하나님은 오늘도 자기 백성들을 돌보시고 채워주시는 참 좋으신 분이시다.

25

세계로교회 부임 - 역사가 시작되다

대학원을 졸업하자 한 주간에 다섯 교회에서 청빙이 들어왔다. 나는 교회를 옮기라는 신호라고 생각하고 기도원에 기도하러 갔다. 세상적인 조건이 좋은 곳도 있었고, 그렇지 못한 곳도 있었지만 나는 주일을 지나 가장 먼저 전화가 오는 교회로 가기로 했다. 주일이 지나고 월요일 아침이 되니 녹산제일교회(세계로교회)에서 가장 먼저 연락이 왔다. 그래서 나는 담임목사님을 뵙고 목요일 날 이사를 가겠다고 했다. 목사님은 "주일날 인사라도 하고 가지"라고 했지만, 여기에 올 때도 그랬지만 하나님이 말씀하시면 바로 가야겠기에 수요일 밤 예배를 마지막으로 드리고 1993년 3월 10일 목요일 날 녹산제일교회로 부임을 해왔다.

이 교회는 목사님이 계시다가 다른 교회로 이동하신 지 몇 개월 되셨다고 했다. 나는 금요일 새벽 설교를 마치고 기도하는데 갑자기 환상이 보였다. 교회 안에 사람이 꽉 차 있었다. 대충 세어 보아도 100명은 되었다. 이때 나는 전도 목표를 100명으로 잡아야 겠다고 생각했다. 그리고 다음 날 토요일 새벽 기도를 하는데 또 환상이 보였다. 예배당 바닥 전체에 뱀들이 깔려 있어 바닥이 보이지 않았다.

아내와 걸어가는데 내가 외쳤다. "하나님, 나는 뱀, 뱀은 싫어요." 그런데 자세히 보니 뱀들의 허리가 다 잘려있었고, 살아있는 악어 만한 뱀도 있었다.

나는 "하나님, 뱀은 싫어요"라고 외쳤는데 하나님의 음성이 들렸다.

"자 받아라" 하시는데 내 양손에 큰 전동 칼날을 얹어 주셨다.

나는 그 환상을 보고 여러 가지 어려움은 있겠지만 결국은 승리할 것을 믿었다. 주일날 성도들이 30여 명 모였다. 교회는 40주년 되는 해였는데 담임목회자가 14번 교체되고 내가 15대 담임전도사로 온 것이었다. 시골 바닷가 농어촌 지역의 어려운 교회이니 교역자는 2~3년 만에 14번이나 바뀌었고, 전임은 목사님이셨는데 전도사인 내가 후임으로 오게 되었다.

26

전도 목표 100명과
영적 전투

세계로교회에 부임하여 시작된 첫 설교부터 장로님과 부딪혔다. 나는 여기 동네에 100여 명이 사니까 우리의 전도 목표는 100명이라고 선포했다. 설교가 마치자마자 장로님이 불렀다.

"전도사님 설교를 그렇게 하시면 안 됩니다."
"왜요?"
"여기 동네 사람들 다 와야 100명인데, 이들이 다 오겠습니까?

첫날부터 신뢰할 수 없는 말을 하면 되겠습니까?"

그럼에도 불구하고 나는 다음 날부터 동네 사람들의 이름을 다 적어 목이 터져라 기도하고, 밤 12시가 넘으면 집집마다 잠들어 있는 대문을 붙잡고 꿇어 엎드려 기도하면서 동네를 다 돌고 나서 새벽 기도를 했다.

교인들은 기도 소리가 시끄럽다고 난리고, 동네 사람들도 시끄럽다고 찾아와 뺨을 때리고 멱살을 잡고, 도끼를 가지고 와서 죽이겠다고 협박하고 크게 소동이 일어났다.

나는 전도하는데 교회 재정을 다 투입하고 심지어 내 사례도 헌금 외에는 전부 전도하는 데 썼다. 집사람은 찬송이까지 태어나 셋째 우유 값이 없어, 이웃 동네 용원 목욕탕에서 저녁에 여탕 청소를 해주고 돈을 받아 우유를 사오곤 했다.

문제는 장로님과의 관계였다. 난 지금도 그렇지만 사교성이 전혀 없다. 장로님이 지금까지 교회를 이끌어 오셨는데, 나는 장로님의 의견을 들어주기보단 생각나면 바로 실천했다. 장로님께서 식사라도 한 번 하자고 해도 나는 전도할 시간도 없는데 무슨 식사냐고 다 거절했다. 그런데 장로님과의 관계는 힘들었지만 기적처럼 3개월 만에 성도들이 100명이 모이게 되었다.

누가 보더라도 기적이 아닐 수 없었다. 그러나 교회가 부흥할수록 장로님과의 관계는 완전히 적대적(敵對的)이었다. 설교를 마치고 내려오면 장로님은 강대상 앞에 나와서 한주간 동안 나의 잘못된 점을 지적하며 조목조목 광고처럼 이야기했다. 교인들이나 장로님이나 나 역시 다 어처구니가 없던 현실이었다.

그 갈등은 도를 넘어갔고, 권사님도, 장로님의 아들과 며느리도 "전도사님! 아버지를 이해하세요"라고 하고 나를 격려하고 위로해 주셨다. 지금 생각하면 그분들이 소통을 못하는 내게 할 말이 많았을 텐데 항상 나의 편에서 격려를 해주셨으니 너무 고마울 따름이다. 몇 개월 만에 교인들이 150여 명이 되었고, 2부 예배를 드리게 되었다. 상황이 이렇게 되다 보니, 어쩔 수 없이 새로운 교회를 건축하기로 하고 장로님을 건축위원장으로 세웠다.

교회를 철거하던 첫날 공사장 옆에 서 있는 내게 장로님이 오셨다. "전도사님 나 오늘 병원에 입원합니다. 나 없이 교회 잘 지어보세요." 하고는 가버렸다.

당시 건축비가 3천만 원이 들어갔다. 그래서 작정 헌금을 하기로 했다. 나는 종이에다가 누구는 얼마를 내고, 또 누구는 얼마를 내고, 그러면 대략 3천만 원이 넘을 것이고 스피커를 좀 좋은 것으로 사야 되겠다고 생각했는데 막상 작정한 것을 받아보니 900만 원밖에 되지 않았다. 이때 나는 하나님께 불평하며 기도했다.

"나는 애들이 세 명이나 있음에도 6개월 사례비를 다 드렸는데, 이 사람들은 가진 것이 많으면서도 이게 뭡니까?" 이렇게 기도하고 있는데 갑자기 음성이 들렸다.

"나는 이 돌들로도 아브라함의 자손을 만들 수 있다. 너는 사람을 의지하지 말라."

너무 확실하고 분명한 말씀이었다. 머리가 띵했다. 고개를 끄덕이곤 가지고 있는 명단이 적힌 종이를 찢어버렸다. 더 이상 사람을 의지할 필요가 없음을 알았다. 다 하나님의 일인데, 내가 왜 사람을 미워하고 불평하지? 그러니 마음이 훨씬 가벼워졌다. 그리고 주일날이 되자 깜짝 놀라운 일들이 일어났다. 작정하지도 않았던 사람들과 새로 오신 초신자들이 헌금을 했다. 그래서 부족함 없이 예배당을 지을 수 있었다. 사람들의 마음을 감동시켜 예배당을 짓게 하신 하나님의 놀라운 역사를 생각할 때 감사와 찬양을 올려 드리지 않을 수가 없다. 할렐루야!

27

서원 – 내 평생에 어떤 예배를 드려도 사례나 차비를 받지 않겠습니다

나는 앞으로 목회를 하는 동안 어떤 집회든지, 예배를 드려도 사례나 차비를 받지 않겠다고 약속했다. 특히 장례나, 결혼식 주례, 어떤 경우라도 사례를 받지 않겠다고 서원했다. 필요하시면 하나님이 주실 것이고, 먹이고 입히실 것이 너무 확실하니까 그렇게 믿음으로 서원한 것이다. 그때부터 32년이 지난 지금까지 국내외 어디를 가서 집회를 해도 사례를 받아본 적이 없다. 단 한 번 캐나다 토론토 교회에서 임현수 목사님께서 비행기표를 먼저 끊어 보내주는 상황에 취소할 수가 없어서 비행기표를 제공받았을 뿐이다.

결혼, 장례, 어떤 경우에도 단 한 번도 사례를 받아본 적이 없다. 그리고 생일이나 결혼기념일, 아이들 백일, 돌도 한 번도 하지 않았으며, 아이들 둘이 결혼했는데 누구에게도 알리지도 않았다. 또 축의금도 받지 않았고, 아이들에게도 단 100만 원도 도와주지 않았다. 딸과 아들도 결혼할 때 비용은 200만 원 내외로 했고, 결혼 후 둘 다 10평이 되지 않는 원룸, 투룸에 들어가서 살았다.

어머님이 돌아가셨을 때도 아무에게도 알리지 않았다. 그래도 교우들이 왔지만 조의금은 누구에게도 받지 않았다.

식사를 대접할 수가 없어서 인사만 하고 돌려보냈다. 장로님들이 너무 허전하다며 귤 20상자를 사 가지고 와서 한 사람당 2개씩 나누어 주었다. 어려운 교인들을 생각하면 당연하다고 생각했다. 어머니의 장례비는 장로님들이 교회에서 해결해 주셨다. 지나고 보니 이 결정은 내 목회를 너무나 복되게 했다. 누군가 물었다. "목사님 은퇴하시고 나면 받으실 거예요?" 나는 "모르겠는데, 그때 가서 하나님께 한번 물어봐야지."

28

윤 장로는 내가 보낸
너의 조교다

세계로교회에 부임한 후 매번 장로님은 나와 다투었다. 갈등이 극에 다다랐다. 교인들은 대부분 내 편을 들었고, 장로님은 여전히 외톨이처럼 되었다. 나는 장로님을 이해할 수 없었고, 장로님은 나를 이해할 수 없었다. 모두가 이 갈등을 풀지 않으면 누군가 한 사람은 교회를 떠나야 할 판이라고 했다.

어느 날 새벽 기도를 하는데 윤 장로님에 대해 하나

님께 불평을 늘어놓고 있었다.

"나는 마음껏 복음을 전하고 싶은데, 윤 장로님이 저렇게 반대만 하시니 왜 하나님은 보고만 계십니까?" 그때 하나님의 음성이 들려왔다.

"네 성질이 못되어 너를 훈련시키려고 너의 조교로 윤 장로를 세웠다."

나는 1초도 참지 않고 반항했다.

"뭐 조교라고요?" "그렇다"라고 하나님의 음성도 단호했다.

나는 멍하니 있다가 깊은 생각에 잠겼다. 하나님의 말씀은 다 옳았다. 나는 내 정의만 내세웠다. 평생을 헌신해 오신 분들을 무시하고, 나는 내가 옳다고 생각하면 그대로 행동했다. 그것 때문에 장로님은 얼마나 따돌림을 받으시고 힘드셨을 것을 생각하니 갑자기 장로님이 너무 애처롭고 불쌍해 보였다. 나는 기도를 마치고 아내를 불러서 오늘 내 마음에 주신 하나님의 말씀을 들려주었다. 그러곤 "당신도 아버지가 없고, 나도 아버지가 안 계시는데, 우리 이제부터 장로님을 아버지로 생각하고 같이 모시고 섬기면서 살고, 당신도 매주 들여다보고 필요한 것 있으면 언제나 사다 드리고, 영양제 주사도 놓아드려라"고 했다.

장로님은 아무것도 모르셨겠지만 나는 달라졌다. 장로님이 하시는 행동들이 다 이해가 되었다. 그래서 나는 더 이상 기분 나쁘지도 않았다. 장로님 의견에 모두 동의할 수는 없었지만 충분한 공감을 표시했다.

몇 달이 지나고 장로님이 나를 찾아오셔서 이렇게 말씀하셨다.

"나 때문에 속상했죠? 생각해 보니 목사님 말씀이 다 맞는 것 같습니다. 이제는 목사님께서 생각하시는 대로 다 해보십시오. 저는 늙어 가지만 목사님을 힘껏 돕겠습니다."

교회는 하나님의 은혜로 기적처럼 부흥해서 농어촌 시골 송정마을에서 우리 가족을 포함해 24명이 모이는 교회에서 기적적으로 당시 300명의 성도가 모이는 교회가 되었다. 지금 장로님을 생각하면 웃음이 나오고 늘 감사하다. 이제는 많이 늙으셨지만 하나님께서 나의 조교를 잘 세워 주셔서 리더십을 세워주셨고, 지금 세계로교회가 되었다. 장로님이 돌아가시면 "손현보 목사의 조교! 윤성호 장로! 세계로교회 초대 장로! 초대 원로장로!"로 이렇게 써야 되겠다는 생각이 든다.

나는 그때 이후로 지금까지 수많은 사람들을 만났다. 수많은 사건들이 있었지만 항상 그 사람의 입장에서 생각해 보는 여유가 생겼다. 최소한 한 사람을 두고 세 가지 네 가지 측면에서 생각하게 되었다. 그러다 보니 다들 이해가 되었다. 심지어 나를 비난하고 떠나는 사람도 몇몇 있었지만, 난 그들을 비난해 본 적이 없다. 그들의 입장을 모두 따라가 주지는 못 하지만 그 마음은 다 이해가 되었다.

5~6천 명이 들어가는 예배당을 지을 때도 비난하고 교회를 떠나는 분이 몇 분 계셨다. 낮 예배를 두 번, 세 번 드리면 되는데, 왜 굳이 큰 예배당을 짓느냐고, 나라도 그럴 수 있겠다 싶었다.

그러나 뒤에 설명하겠지만 명백한 하나님의 명령이었기에 그대로 지었고, 오늘날 세계로교회가 되었다. 나는 그들을 한 번도 비난하지 않았다. 코로나19 상황에서도 우리가 계속 예배를 드리면서 예배의 자유를 외칠 때에도 교회를 떠난 사람이 있었고, 10.27 차별금지법 반대 200만 국가 기도회 때도, 세이브 코리아 때도 그런 분이 계셨지만, 나는 그들 누구도 비난하지 않았다.

모두가 같을 수가 없었고, 모두가 어쩌면 하나님이 내게 보내 주신 조교들일지도 모른다는 생각을 했다. 그래서 나는 스트레스를 받지 않는다. 내가 하는 일이 하나님이 기뻐하시는 일이고, 신앙 양심과 성경에서 명하는 말씀이라면 그대로 행할 뿐이다. 다른 사람의 의견은 그냥 그 사람의 견해이기에 좋고 나쁘고가 없다.

 지금 나는 감옥에 와 있는데 누군가는 내가 너무 강하게 하니까 구속된 것이 아닌가 생각하며 못마땅하게 생각하는 사람이 혹 있을지도 모르겠다. 그러면 어떠냐? 나는 당연히 외쳐야 될 진리를 외쳤고, 여기서 내 목회가 끝난다고 해도 나는 그 누구도 원망하거나 비난하지는 않을 것이다.

29

천국 환상, 여기가 거룩한 새 예루살렘이다

첫 번째 교회를 건축하고 난 다음 전도는 나의 삶 전부였다. 시골이라 사람이 없었기에 한 집에 하루에 한 번씩, 두 번씩, 10번, 30번, 50번, 70번을 찾아갔고, 그들은 대부분 다 교회를 출석했다.

어떤 유명한 연예인의 간증이 좋다고 하면 그분이 오신다고 약속할 때까지 지속적으로 연락을 했다. 하루도 빠지지 않고 전화했다. 그래서 그 당시 최고의 스타였던 서세원 씨와 서정희 씨도 왔다 갔다. 또 과학기술처 정근모 장관님의 간증이 좋다고 해서 하루도 빠지지 않고 두 달 이상 계속 전화를 했더니 감동을 받고 오셨다. 그때마다 인근 주민들을 다 초청하고 연예인, 정치인, 감동적인 간증이 있는 분들은 다 모셨다.

한 번은 정영숙 탤런트를 모셨는데, 언제나처럼 매일 통성으로 기도하고 전도하다 보니 성대가 부었는지 목소리가 한마디도 나오지 않았다. 성대가 완전히 붙어 버렸다. 정영숙 씨를 초청하여 예배를 드리는데 나는 말을 한마디도 할 수가 없어서 전도사님이 사회를 보았다. 나는 두 번, 세 번 태어나도 더 이상은 그때처럼 기도하고 사람들을 찾아다닐 수는 없을 것이다.

다음 날 월요일! 나는 무척산 기도원에 올라갔다. 7년을 매 주 산에 올라 바위에서 기도하고 자고 내려왔는데, 그 주간은 더 이상 목소리가 나오지 않아 기도원에서 금요일까지 있기로 했다.

나는 마음이 조금 우울해졌다. 이렇게 수고하는데 누구 한 사람 위로하는 사람도 없고, 가정은 매일 쪼달리고 그런 생각을 계속하니까 마음이 너무 착잡하고 섭섭했다. 내일이면 금요일이라 내려가야 되는데 기도원에서 기도하고 힘을 얻기보다는 시험에 들어 섭섭이가 되었다.

금요일 새벽, 새벽종 소리에 잠을 깼는데 갑자기 환상 가운데 저 멀리 하늘에서 너무나 밝게 빛나고 아름답고 멋있게 보이는 성이 하나 보였다. 난 순간적으로 "저것이 천상의 예루살렘이구나"라고 외쳤는데 그때 음성이 들렸다.

"여기가 천상의 예루살렘이다. 자 보아라."

저 멀리 보이던 그 성이 바로 눈앞에 보였다. 너무나 황홀하고 좋아서 더 자세히 보고 싶었다.

그런 생각을 하자마자 나는 그 천상의 예루살렘 안

에 천국을 다니는 사람들과 그 모든 모습들이 보였다. 나는 울고 있었고 눈물이 끝임없이 흘러내렸다. "아! 여기가 천국이구나!"

그렇게 천국을 생생하게 체험하게 해주셨다. 고등학교 때 하나님께서 지옥 환상을 보여주셔서 그때부터 지금까지 전도하지 않고 지내 온 날들이 없었다. 의무적으로라도 해야만 하고 안 믿으면 지옥 가는 사람들이 너무 안타까워 전도했는데 천국 환상을 보고 난 다음 내 마음은 더욱더 완전히 바뀌었다.
"한 사람이라도 저 천국에 함께 가도록 해야지!" 그래서 전도를 쉴 수가 없다.

그날 새벽에 나는 완전히 이 세상의 무거운 짐에서 해방되었다. 아직도 목은 아팠고, 내 모든 사정은 똑같았지만 내 마음의 짐은 하나도 남지 않고 사라졌다. 섭섭해야 할 일들이 하나도 없었다. 저 천국에 들어갈 수 없는 죄인에게 은혜로, 값없이 공짜로 주님의 십자가 보혈의 공로로 거저 주어 천국을 예비하셨으니 나의 목숨을 10개, 100개를 바쳐서 복음을 전한다 해도 오직 감사, 감사, 감사만 있을 뿐이다.

30

국회 의사당만 한 교회

　여기 교도소는 책상도, 의자도 없다. 맨바닥에 앉아 있는 것도 한계가 있다. 허리가 가장 아프다. 침대에서 자다가 여기서 자려니 꼬리뼈 위의 엉치가 짓눌려 껍질이 벗겨지고 진물이 나서 누워서 잘 수가 없다. 아픈 곳은 소나무 껍질처럼 딱딱해져서 갈라졌다. 거울이 없으니 볼 수도 없고, 등을 피해 옆으로 누우면 골반뼈가 그렇게 힘들고 불편하기 그지없다. 그러니까 감옥이겠지만 창살 안에 갇혀 있어 아침, 점심, 저녁을 넣어준다. 교도관들은 우리를 키우는 사람 같고, 나는 닭장 안에 갇혀 있는 닭 같다. 그래서 글을 쓰는데도 팔이 아프고 글씨가 잘 써지지 않는다. 그럼에도 불구하고 하나님께서 내게 주신 이 놀라운 은혜를 전할 수 있다는 기쁨이 넘치기에 글자를 하나하나 써 내려간다.

첫 번째 예배당을 짓고 성도가 꽉 찼다. 어느 날 새벽기도를 하는데 갑자기 환상이 보였다.
우리 교회가 어마어마하게 큰 국회 의사당만 했다. 지붕은 빨간 지붕이고 벽체는 흰색이었다.

그런데 그 교회로 흰옷 입은 사람들이 벌떼가 날아가듯이 들어오고 구름떼가 흘러가듯이 들어왔다. 나는 감탄을 했다. 그 환상을 보고 생각했다. 200명 사는 시골 마을에 저런 큰 교회가 생길 수 있을까? 더욱이 이런 시골 마을에… 얼마 전에도 아내가 운전을 하다가 차량 2대도 교차하지 못하는 도로에서 다른 차를 비켜주다가 길가 논두렁에 빠지지 않았던가? 그러나 하나님은 못 하실 일이 없지. 새벽 기도를 마치고 집에 와서 오늘 새벽의 환상을 곰곰이 생각하고 있는데, 늘 오랫동안 기도하시던 할머니 집사님 두 분이 찾아오셔서 이렇게 말씀하셨다.

"오늘 저희 두 사람이 기도하다가 이상한 것을 보았어요."
"어떤 것을요?"
"오늘 기도하다가 환상을 보았는데, 어마어마하게 큰 교회에 흰옷 입은 사람들이 벌떼가 날아가듯이 들어가는 모습을 보았습니다. 우리 둘 다 같은 환상을 보았어요. 하나님이 우리 교회를 크게 부흥시키려나 봅니다."

나는 아무 말도 하지 못했다.

"아! 하나님께서 내게 확증을 주시는구나."

그 두 분 할머니 집사님의 말씀은 내게 큰 확신을 심어주었다.

지금까지 나는 새로 지은 예배당이 54평이라 이것 두 배만 되어도 더 이상 소원이 없었는데 환상을 보고 난 다음부터는 어떤 일이 일어날까 가슴이 두근거렸다. 여기는 그린벨트 지역이라 집을 지을 수 있는 땅 자체가 없었다. 그렇지만 나는 즉시 행동하는 사람이라 곧바로 창원에 있는 지도 업체를 찾아갔다. 그곳은 부동산 하는 사람들이 지도를 사 가지고 가는 곳이었다.

가로가 3m 가까이 되었다. 지도를 사 가지고 왔지만 붙일 데가 없었다. 그래서 방바닥에 깔았다. 자고 일어나면 지도를 보면서 어떤 땅을 사야 될지를 살폈다. 그러곤 가까운 부동산에 가서 교회가 이전하려고 땅을 구하는데 땅이 최소 3천 평은 되어야 한다고 했다. 부동산 업자들은 한결같이 강서구는 전부 그린벨트라 건물을 지을 수 없고 인근 진해 땅을 알아보아야 된다고 했다.

나는 그린벨트 땅이든지, 진해 땅이든지 3000평 정도의 땅이 매물로 나오면 연락을 달라고 했다. 얼마 후 마을의 부동산에서 연락이 왔다. 장로님과 함께 갔더니 땅은 길가에 있었는데 700평쯤 되었다. 나는 말했다. "땅은 좋은데 700평은 너무 작습니다. 3000평은 되어야 합니다."

그 부동산 업자는 우리 마을에 살고 있어서 교회 사정을 익히 잘 알고 있었다.

"지금 있는 교회는 대지 100평도 안 되는데 3000평이라고요."

"네! 3000평은 있어야 됩니다."

그분은 "여기에 그런 땅이 어디 있느냐"고 화를 내면서 가버렸다. 아무리 둘러보아도 집이나 건물을 지을 곳이 없었다. 그린벨트는 그 어떤 건축 행위도 할 수 없고 다만 있는 집을 헐어서 새 집을 짓거나, 그린벨트에 있는 집을 없애고 다른 데로 옮기는 것은 가능했다.

어쩔 수 없이 작은 집을 한 채 구입하여 그 집을 없애고 교회 옆 염전 땅 240평을 구입하여 교회로 사용하기로 했다.

당시 염전은 7000평이 넘었는데 흙을 메워 농사를 짓고 있었다. 나는 아쉽지만 240평을 구입하여 방 두 개, 거름 쌓는 곳, 농기구 두는 곳, 이렇게 지을 수 있는데 그것을 한꺼번에 붙여서 지었다. 그리고 그 벽을 다 헐어서 예배당으로 사용하고자 했다. 그린벨트여서 사람을 수용할 방법은 그것밖에 없었다. 그런데 건축을 하면서 가장 큰 문제는 물이었다. 우리 마을은 바닷가라 우물을 파도 소금물만 올라왔다. 수도도 들어오지 않았다. 건축을 할 때나 끝나고 난 다음에도 물이 가장 큰 걱정이 되어 하나님께 기도했다.

"하나님 교회를 짓는 데 물이 없습니다. 도와주십시오."

터를 잡고 기초 시멘트 타설을 할 때 시멘트가 굳기 전에 물을 뿌려야 되는데 물이 없어 큰 문제였다. 그런데 놀랍게도 시멘트가 굳어가자 하늘에서 비가 내렸다. 그다음 기초를 치고 나면 새벽에  잠시 비가 내렸다. 너무나 놀라운 것은 다섯 번이나 한 번도 빠지지 않고 비가 살짝 내렸다. 공사하는 장로님들과 우리는 시멘트 타설을 할 때마다 "새벽에 비가 올 것입니다!"라고 말했다. 그때마다 언제나 비가 왔다. 그리고 드디어 교회가 완공되었다.

식수는 계속 문제였다. 그런데 아침에 보니까 까만 관정들이 마을 길가에 놓여 있었다. 이것이 무엇이냐고 물었더니 상수도 공사를 해서 수도가 곧 들어 온다고 했다. 교회 완공에 맞추어 한 치도 늦지 않게 수도를 연결할 수 있었다. 그런데 건축 중에 이 교회가 환상을 본 교회는 아니겠지만 색이라도 맞춰야겠다 싶어서 지붕 판넬은 빨간색, 벽체는 흰색, 교회 종탑은 빨간색으로 주문했다. 그런데 판넬 업자는 파란색 판넬을 가지고 왔다. 난 안 된다고 했고 반드시 빨간색이어야 된다고 했다. 결국 빨간색으로 교체했다. 벽체는 흰 페인트로 칠했다. 십자가 종탑을 주문했는데 구리색으로 가져왔다. 나는 빨간색을 가지고 오라고 했는데도 안 된다면서 고집을 부렸다. 그분은 손해가 너무 많다고 해서 종탑도 빨간색으로 페인트를 칠해서 결국은 빨간색이 되었다.

31

5000평을
사다니?

 교회는 얼마 지나지 않아 성도가 가득 찼고, 교회 옹벽 아래에는 5000평의 염전이었는데 지금은 염전을 하지 않고 흙을 돋우어 대파 농사를 짓고 있었다. 온갖 생각을 했지만 방법이 없어 부동산 업을 하고 있는 초신자와 함께 땅 주인을 찾아갔다. 자초지종을 설명하고 5000평 중 교회와 붙은 가로 6m, 세로 25m만 팔아달라고 부탁을 했다. 그러면 장의자 한 줄을 더 넣을 수 있었기 때문이었다.

그분은 기분 나빠하면서 "지금 장난치는 거요?" 하면서 일어나 가버렸다. 몇 개월이 지나서 다시 찾아갔다. 이제는 가로 12m, 세로 25m를 팔라고 사정을 했다. 의자 두 줄만 넣게 해달라고 간곡히 부탁했지만, 그분은 마시던 차를 탁 내려놓으면서 "사려면 5000평을 다 사시던가."

"뭐라고요? 5000평을요?" 서면 관광호텔 사장이었던 그분은 더 할 말이 없다면서 이제 나가라고 우리를 밖으로 내보냈다.

나는 차를 운전해서 가시는 장순칠 집사님(한정순 권사 남편)과 함께 그 사람을 성토했다.

"빚밖에 없는 시골 교회에 5000평 중에 200평 정도는 기증을 해도 하나님께 복을 받을 건데 5000평을 다 사라니 말이 되느냐?"

전체 땅값은 28억 정도 되었던 것 같다. 30년 전 우리 교회 1년 예산이 1억 정도였는데 28년 어치 헌금을 다 모아야 가능한 일인데 화가 치밀어 오를 수밖에 없었다.

나는 새벽 기도에 나가서는 하나님께 그를 고발했다.

"하나님! 저렇게 큰 땅을 가지고 있는 사람이 공짜로 달라는 것도 아니고, 정상적으로 사겠다는데도 팔기는 커녕 5000평을 다 사라고 우리를 조롱하고 있습니다."
그런데 계속 기도하다 보니 이런 생각이 들었다.

"다 사라고? 다 사라고? 어떻게 다 사지?"

가만히 생각해 보니까

"지금은 그린벨트 땅이지만 언젠가는 그린벨트가 풀

릴 것이고, 그린벨트가 풀리면 땅값이 오를 것이 분명했다. 그러면 반을 팔아서 갚으면 2500평은 우리 땅이 될 것이고, 지금 240평 있으니까 합치면 거의 3000평 가까이 되겠는데!" 그 생각이 들자 갑자기 땅을 사고 싶은 생각이 들었다.

그러나 계약금으로만 현금 10억이 있어야 하지 않는가. 비록 나머지 5000평을 은행에 담보로 빌리면 될 것 같았지만, 문제는 어마어마한 10억의 현금이 없었다. 그래도 갑자기 이 땅을 꼭 사고 싶어졌다. 그러면 잔디를 깔고 운동장도 만들 수 있을 텐데... 꿈의 나래는 끝이 없었다.

하지만 눈 뜨면 10억이라는 어마어마한 돈이 없으니 헛된 망상이 되었다.

어느 날 10여 명 모인 여자 제자반을 하면서 이런 꿈 이야기를 했다.

"10억만 있으면 이 땅을 사서 이자를 주고 있다가 그린벨트가 풀리면 2500평을 150평씩 공단 기숙사로 분양을 하고 그 돈으로 빚을 갚으면 2500평을 살 수 있을 것인데 우리에게 돈이 어디 있어야지" 하고 말했다.

그런 뒤 며칠이 지나자 한 초신자로부터 만나자는 연락이 왔다. 그는 제자반 여집사님의 남편이었는데 교회 나온 지 두 달 정도 되었다. 그는 "아내에게서 목사님 말씀을 들었습니다. 목사님 말씀처럼 10억만 있으면 땅을 담보로 대출을 받으면 살 수 있을 것 같습니다. 마침 제가 가구 공장을 하나 처분을 하고 10억이 있는데 어디에 투자할까 고민하고 있었습니다. 제가 10억을 먼저 내겠습니다. 그리고 저와 교회가 반반씩 사도록 공동 명의로 하시지요."

전능하신 하나님의 역사는 참으로 놀랍다. 그때 나는 놀라 자빠질 뻔했다. 급히 당회를 소집하여 의논한 후 땅을 구입하였다. 지대가 너무 낮은 염전이었는데 마침 그때 명지 호산나교회가 종교 부지를 구입하여 교회를 짓고 있었다. 지하를 파서 그 흙을 버릴 데가 없다고 하길래 우리 땅에 공짜로 부어 달라고 했는데 수만 톤의 흙을 다 가지고 와서 부지를 평평하게 만들어 주었다.

  땅을 사고 이자를 주는 것도 쉬운 일은 아니었지만 큰 교회를 짓는다는 즐거움으로 들떠 있었다. 교회만 오면 마음속이 너무 시원했다. 일단 주차장을 만들고 반은 잔디를 심었다. 주일날은 완전 잔칫집 같이 고기도 구워 먹고 운동도 할 수 있어 너무 좋았다. 그리고 2년 뒤 35년 만에 그린벨트가 풀렸다. 나는 마음이 급했다. 2500평을 사고 보니 이 땅으로는 환상 중에 보았던 교회를 짓기 어려울 것 같았다. 그래서 공동으로 땅을 산 집사님을 만나서 이 땅을 교회에 다 팔라고 제시했다. 땅값은 그린벨트가 풀려서 당장 2배가 올랐지만 지금 사지 않으면 안 될 것 같아서 팔라고 했더니 그분도 흔쾌히 허락하여 5000평의 땅을 모두 다 살 수가 있었다. 할렐루야! 하나님 너무 감사합니다.

32

시골 교회에서 5500명 들어가는 교회로

드디어 우리는 교회를 설계하여 지었다. 1종 주거 지역에서 허락되는 최대의 평수를 예배당, 곧 예배드리는 장소로만 짓고 나머지 사무실 등은 다른 곳을 이용했다. 문을 열면 예배당만 있는 교회였다. 구름떼처럼 몰려오면 앉을 자리가 없을까 봐서 그렇게 했다. 그리고 몇 년 뒤에 1종 주거 지역에서 2종 주거 지역으로 변경되었다. 이제는 높은 고층 건물도 지을 수가 있었다. 우리는 원형 경기장처럼 5500명이 들어가는 예배당을 다시 지었다. 내가 이 교회에 부임한 지 5년마다 교회를 지어 본당을 다섯 번이나 건축하게 되었다. 하나님께서 보여주시지 않았다면 나는 절대로 꿈에도 3000평은 생각하지도 못했을 것이다. 아무리 내가 꿈이 크다고 해도 이 시골에 500평 이상의 땅을 구입하려고는 생각조차 하지 않았을 것이다.

하나님께서 미리 환상 가운데 보여주셨기 때문에 200명 모일 때도 전도 목표는 3만 명이었다. 세계로교회는 5000평을 구입하고 그 옆에 있는 땅을 또 구입하여 5500명이 들어가는 예배당을 지었다. 그 결과 제일

어린이집, 국제스쿨(Segero Christian International Education) 그리고 세계로우남기독아카데미(Segero Unam Christian Academy)도 지을 수 있었다. 2025년 현재까지 1만여 명이 세례를 받았다. 주민의 100배나 되는 사람이 세례를 받았다. 이 모든 것은 하나님의 전적인 은혜로만 가능했다. 나는 그분이 말씀하시고 보여주시면 순종하기로 했다. 지금도 하나님께서 "먼저 사자를 보내어 인도해 주실 것"이라는 말씀을 늘 기억하여 순종한다.

33

코로나19와 20번의 고소 고발

 감옥에 있다 보니 아무런 자료가 없어서 정확한 연도나 날짜를 다 기록할 수가 없다. 모든 자료는 핸드폰에 있는데 핸드폰도 사용할 수 없고, 검색도 못하니 자료를 가지고 정확한 날짜를 적을 수가 없어서 안타깝다.

 모두가 몇 년 전에 경험했듯이 코로나19가 왔고, 교회는 5명, 9명, 19명만 예배를 드리게 되었다. 나는 아무리 생각해도 이것은 아니라고 생각했다. 하루 수백만 명이 지하철을 타고 다니고, 버스도 운행되고, 마트도, 백화점도, 음식점도, 심지어 공연장도 문을 여는데, 교회만 5명? 19명?이라니 형평성에도 맞지 않고 과학적이지도, 합리적이지도 않았다. 심지어 다른 종교와는 형평성도 맞지 않고 완전히 달랐다. 사찰에서는 그대로 다 모였고, 어떤 천주교 성당도 문을 닫았다는 이야기를 들어보지 못했다. 같은 부산에 있는 삼광사 52주년 기념식에는 국회 의원, 구청장 등등 1500여 명이 참석하는 기념 집회도 열렸다. 나는 방역법에 따라 사방 2m 간격으로 1030명이 예배를 드리게 했다. 방역 수칙을 다 지키면 허락을 해줘야지, 50명 들어가는 작은 교회나, 수천 명 들어가는 교회나 가리지 않고 5명! 절대로 받아들일 수가 없었다. 5명이면 설교자, 카메라맨 등 방송실 운영도 할 수 없지 않은가? 그러나 서울의 대형 교회도 그 지침을 다 따랐다.

나는 도저히 받아들일 수가 없었다. 이미 반교회 세

력들 사이에서 '코로나19를 핑계로 기독교 인구를 10% 이하로 줄이자'는 의견까지 나왔음을 익히 알고 있었다. 우리는 계속해서 교회에 모였고, 식사도 주먹밥을 만들어서 나눠주었다. 교회가 한 번 폐쇄를 당했지만 1년을 버티며 1030명이 예배를 드렸다. 정부는 2주마다 한 번씩 47번을 연장하며 예배를 못 드리게 했다. 그러나 우리는 계속 예배를 드렸다. 그러는 동안 시당국으로부터 20번의 고발을 당했다. 법은 점점 더 강화되었고, 모든 언론은 우리 교회를 주목했다.

기윤실 등은 코로나19의 50%가 교회를 통해서 전파되고 있다고 말도 되지 않는 소리를 하면서 오히려 교회를 압박하고, 손봉호 교수는 TV에 나와서 코로나19의 근원지가 된 교회가 미안하고 죄송하다고 했다. 이에 동조한 많은 교회들이 현수막을 만들어 붙였다. 나는 어처구니가 없었다. 방역 당국에서도 모든 종교 확진자는 합쳐서 4% 정도라고 하는데, 기윤실부터 8배나 뻥튀기를 하여 모든 코로나 진원지가 교회인 것처럼 흑색선전을 하고 있었다. 믿는 집사라고 하는 총리까지 '교회 발'이라고 언론플레이를 하고 있었다.

　방역법을 더 강화하여 어기는 교회는 1차 운영 정지 10일! 그런데도 어기면 무기한 폐쇄 조치하도록 법을 바꾸었다. 계속해서 예배드리던 우리 교회는 한겨울 '운영 정지 10일'을 받게 되었다. 나는 우리 교회 하나가 없어지는 한이 있더라도 절대로 예배를 중단하지 않을 것이며, 한 사람만 남아 있어도 예배를 드릴 것이라고 밝혔고 그렇게 했다. 20명만 모여서 예배를 드리라는데 천 명이 넘게 모여 예배를 드리니 모든 언론의 화살이 우리에게 쏟아졌다.

　나는 교회가 폐쇄되면 가처분 신청, 헌법 소원 등을 내겠다고 밝혔다. 그러자 각종 언론들에서 인터뷰 요청이 쏟아져 들어왔다. 거의 모든 공중파 방송과 라디오 생방송까지 말이다. 나는 MBC 100분 토론에 나가서도 논리적으로 사진과 방역 당국의 발표 내용을 차트로 만들어서 설명했다. MBC는 한마디로 우리를 죽이러고 했는데 100분 토론 댓글 중 98% 이상이 우리 편을 지지해 주었다. CBS도 마찬가지였다. 그러나 방역 당국에 의하여 교회는 무기한 폐쇄를 당하고, 당국은 아무도 들어가지 못하도록 교회를 봉쇄했다. 나는 교회가 봉쇄되었으니 이제는 예배를 넓은 교회 잔디밭에서 드리겠다고 선언했다.

1월 10일 교회가 폐쇄되고, 17일 주일! 우리는 한겨울 한파를 맞으며 교회 잔디밭에서 예배를 드렸다. 이에 모든 언론이 총출동하여 이 모습을 긴급 뉴스로 내보냈다. 교회 옆 도로에는 만일의 사태에 대비하여 10대가 넘는 경찰 버스가 도열해 있었다. 나는 "어떤 경찰과도 마찰을 일으키지 말고 그들이 막으면 그 도로가에 앉아서 유튜브로 예배를 드리라고 했다."

교인들은 매뉴얼대로 교회 잔디밭에 앉아서 야외에서 예배를 드렸고, 그날은 너무도 추웠다. 그러나 단 한 명도 자리를 떠나지 않고 예배를 드렸다. 예배 후

기자회견 때에는 모든 언론들이 다 와 있었다. 현장을 답사한 공무원은 오늘은 교회 잔디밭에서 예배를 드렸지만, 다음 주에는 잔디밭도 폐쇄하게 될 것이라고 했다. 나는 잔디밭이 폐쇄되면 공원에서 예배를 드릴 것이고, 공원을 폐쇄시키면 바닷가에 가서라도 예배를 드릴 것이라고 밝혔다.

그날 나온 공무원은 우리 교회를 엄벌에 처할 것이라고 했다. 나는 전혀 두렵지 않았다. 예배는 우리의 생명이다. 절대로 양보할 수 없다고 선언했다. 회사도 문을 열고, 공장에서도 일을 하고, 칼국수집도 문을 여는데 교회만 예배를 드리지 말라고? 상식적으로도 있을 수가 없는 일이었다. 누군가에 의해 의도된 것이 아니면 절대 있을 수 없는 일이었다.

동물원의 코끼리처럼 시키는 대로 하라니! 절대 그럴 수 없었다. 그날 저녁 뉴스를 보거나 유튜브를 시청한 사람들 중에는 우리와 뜻을 같이 하겠다는 사람들이 많았고, 주일 잔디밭 예배를 함께 드리기 위하여 서울에서 참석한 다른 교회 성도들도 몇 명 있었다. 그 주간에 전국기독교연합에서도 우리를 지지하기 위하여 모였다. 여론이 달라지고 있었다. 주일이 지나고 다음 날 공무원들이 찾아왔다.

"목사님 이제 예배드리세요." 공무원들이 말했다.
"왜요? 무기한 폐쇄했잖아요."
"그것과 상관없이 가장 높은 곳에서 세계로교회는 몇 명이 모이든, 무엇을 하든지 음식을 해 먹어도 말하지 않을 테니까 다음 주부터 예배를 드리라고 합니다."
"나는 무슨 소리합니까? 법대로 교회를 폐쇄하셨잖아요. 법대로 하세요. 우리는 야외에서 계속 예배를 드리겠습니다."

공무원이 간곡히 부탁을 했다. "여론이 너무 안 좋고 목사님 교회처럼 예배드리겠다고 하는 교회가 많아지고 있습니다."

"이제는 제발 예배를 드리십시오!"

나는 계속 예배는 밖에서 드리겠다고 했는데, 정부는 그 주간 목요일부터 모든 교회는 예배당 면적에 따라 30%가 예배를 드릴 수 있다고 코로나 방역법을 바꾸는 행정 명령을 내렸다. 그래서 우리 교회는 폐쇄가 풀리고 정상적으로 예배를 드릴 수가 있었다. 한 사람

도 흐트러짐 없이 함께 동참했다. 성도들이 너무나 귀하게 느껴졌다. 코로나19가 끝날 때까지 다른 교회에서는 식사를 못 하는데 우리 교회는 식사를 할 수가 있었다. 그래서 전국의 많은 모임을 우리 교회에서 했다.

1천 명이 모이든, 2천 명이 모이든 모든 분들께 식사를 무료로 제공했다. 그 결과 우리 교회에서는 거의 매주 많은 모임과 세미나가 열렸다. 지금 코로나는 끝났지만 우리 교회는 지금도 소송을 계속하고 있다. 오늘도 코로나 재판이 있었다. 감옥에 있으면서도 수갑을 차고 재판에 갔다 왔다. 20번 넘는 재판이 몇 개씩 비슷하여 병합이 되었지만, 우리 교회 것만 4개의 재판과, 다른 교회와 연대한 재판 등 7개 정도가 진행되고 있다. 누군가 희생해야 된다면 우리 교회가 하는 것은 영광이라고 생각한다. 고마운 것은 전국의 성도 중 재판 비용을 헌금해 주신 분들도 있었다. 그동안 도움을 주신 많은 분들께 진심으로 감사드리며 승리케 해주신 우리 하나님께 감사 감사를 올려 드린다.

34

기적의 비전 센터 – 다음 세대를 위하여

나는 코로나19를 지나면서 큰 위기감을 느꼈다. 대부분의 교회가 문을 닫았고 1만 2천 개의 교회가 사라져 버렸다. 어른들이야 신앙을 회복할 수도 있겠지만 어린이들과 청소년들에게는 치명적인 신앙의 단절 세대가 생길 것이라 생각되었다. 특히 청소년들과 교회학교가 2~3년을 교회에 다니지 않고 전도도 못 하면 앞으로 어떻게 될지 너무나 걱정이 되었다.

우리 교회에 있는 아이들은 예배를 다 드리지만 코

로나19 와중에 이미 이렇게 많은 교회가 사라졌으니 우리에게는 재앙이 아닐 수 없었다. 나는 젊은이들과 청소년들을 위하여 날마다 기도하고 있는데 어느 날 새벽에 하나님의 음성이 들려왔다.

"가덕도에 가보아라!" 가덕도는 우리 교회에서 15분밖에 걸리지 않지만 나는 별로 가본 적이 없었다. 그래도 하나님의 음성이니 순종할 수밖에 없었다. 그 음성을 듣고 가덕도에 가서 바닷가에 도착해 보니 그날은 저 수평선 다도해 끝에 구름이 뭉게뭉게 피어 있는 것이 마치 동남아 어느 휴양지에 온 것 같았다.

"하나님이 왜 여기에 나를 보내셨을까?" 분명 이유가 있을 것이다. 그럼 부동산 집에 가볼까? 하고 부동산을 찾아갔다.

가장 가까이 있는 부동산에 들렀더니 소장님이 여기 바닷가는 땅값이 너무 비싸고 평당 2천만 원은 한다고

했다. 그런데 아까 내가 보았던 그곳은 건축물이 하나도 없었다. 그리고 경치가 너무나 좋아서 물어보았더니 그곳은 허가가 나지 않은 땅이라서 집을 지을 수 없다고 했다. 나는 왜 그런지 궁금해서 자초지종을 물어보았더니 방파제 앞 해안 도로에 30평 정도 되는 국유지가 있는데 그 국유지를 사용할 수 없어서 그 해안가 국유지 이후부터는 허가를 낼 수가 없고, 원주민들이 몇십 년째 항의해도 안 된다고 했다. 그래서 다른 땅은 엄청 비싼데 그 땅은 그냥 아무것도 못하고 버려진 땅이라고 했다.

나는 땅 주인들을 만나서 그 땅을 사고 싶다고 말했다. 허가가 나지 않아도 사기로 했다. 일단 시세보다 조금 더 많은 돈을 주고 계약을 하고 계약금을 미리 지불했다. 나는 부동산 소장에게 국유지 관리 부서에 가서 허락을 받으러 가보라고 했다. 부동산 소장은 안 해줄 거라고 말했지만 일단 가보기나 하라고 재촉했다. 그분은 불평은 했지만 나의 등살에 못이겨 갔다. 몇 시간 뒤에 전화가 왔다. 불하는 안 되고 임대는 해주겠다고 연락이 왔다.

어차피 길인데 불하나 임대나 차이가 없었다. 우리는 다음 날 곧바로 임대 허락을 받을 수 있었다. 나는 즉시 설계사를 불러서 설계를 대충 알려주고 설계도를 만들라고 했다. 그곳에 다음 세대를 위한 훈련원을 짓고 싶었기 때문이다.

경치 좋은 바닷가에서 목회자들과 청소년들을 대상

으로 훈련을 시키고 싶었다. 그리고 건축 허가를 받으려고 허가 신청을 내었다. 얼마 후 건축 허가가 떨어졌다. 건축 허가 관할은 구청이었다. 그런데 놀라운 일이 일어났다. 건축 허가가 떨어지고 하루가 지나자 국토부에서 가덕도에 신공항을 건설한다고 모든 허가를 중단시키고 토지 거래 허가 지역으로 묶어버렸다. 그렇지만 우리는 하루 전 이미 건축 허가를 받았기에 건축이 가능했다. 하루만 늦었어도 땅만 사놓고 쓸모없는 공터가 될 뻔했다. 그럼에도 불구하고 문제는 건축을 하려면 돈이 들지 않는가? 우리는 빚만 잔뜩 있지 돈은 한 푼도 없었다. 더 이상 빚을 질 수도 없었다. 하나님의 음성이 아니었으면 절대로 땅을 사지도 않았을 것이고, 건축도 하지 않았을 것이다.

교회에 초등 대안 학교가 있는데 교장 선생님께서 몇 번이나 찾아오셨다.

"목사님 교실이 없어서 내년부터는 학생을 받을 수가 없습니다."

나도 잘 알고 있었지만 대책이 없었다.

"교장 선생님 나도 알고 있습니다. 17년간 기도해서 여기까지 왔는데 하나님이 알아서 하실 겁니다. 기다려 보세요." 몇 번이나 찾아왔지만 어쩔 수 없었고 대답은 항상 같았다.

그런데 바닷가에 다음 세대를 위한 공간은 필요하고 뜻은 좋지만, 문제는 건축을 할 형편이 못 되었다.

"하나님 허가는 이미 났지만 돈이 없습니다." 이렇게 기도하고 있는데, 그날 또 한 번 하나님의 음성이 들려왔다.

"건축은 내가 감동한 사람들을 통하여 내가 할 것이다!"
이 음성을 듣고 나는 건축을 결심했다. 그러나 나는 당회를 열지 않았다. 돈이 없어 학교 교실도 못 짓는데 누가 건축에 찬성을 하겠는가? 그래서 나는 설교 시간에 그냥 선포했다.

"하나님께서 말씀하시기를 하나님 자신이 감동한 사람을 통하여 다음 세대를 위한 건축을 하나님께서 하신다고 합니다!"

성도들은 그냥 지켜보고 있을 뿐이었다. 그런데 설교를 마치고 두어 시간 지나자 어떤 분이 찾아오셨다.

"목사님 여기 건축 헌금으로 1천만 원을 가지고 왔습니다."

잘 모르는 사람이었다. 오후 예배를 마치고 난 다음 또 누가 찾아와서 나가보니 너무나 가까운 이웃 교회 은퇴 장로님 부부가 3천만 원을 가지고 오셨다.

참으로 너무나 놀라운 하나님의 역사였다. 하나님의 역사는 계속 이어졌다. 그 다음 날 해운대에 계신 어떤 권사님께서 4천만 원을 가지고 오셨다. 나는 너무 놀랐다. 지금까지 교회만 5번을 짓고, 학교, 어린이집 등을 건축했지만 다른 교회 성도들이 헌금을 한 적은 한 번도 없었다.

나는 건축하는 동안 바닷가에 천막을 치고 1년간 기도했다. 전국에서 수많은 사람들이 감동했다면서 3만 원에서부터 수천만 원까지 헌금을 보내왔다. 모두 다 일면식도 없는 모르는 사람들이었다. 너무나 신기하고 놀라웠다.

어느 날은 결제 금액 1억 2천만 원의 청구가 들어왔는데 돈이 없었다. 나는 하나님께 기도드렸다.

"하나님께서 감동한 사람들을 통하여 건축하신다고 하셨는데 오늘 건축비 지급을 못 했습니다."라고 따지듯이 기도했다.

그런데 2~3일 지나자 은행에서 연락이 왔다. 미국 시카고에 사시는 분이 10만 달러를 보내셨다고, 돈은 이미 와 있었던 것이다. 놀라운 일들이 연속적으로 일어났다. 결국 다음 세대를 위한 비전 센터는 10개월 만에 완공하게 되었다.

이 비전 센터는 다음 장에서 말하겠지만 너무나 중요한 역할을 하게 되었다. 1, 2층은 이탈리아 식당을 운영하여 판매수익금은 다음 세대를 위해 사용하기로 했다. 훈련생들이 식사도 해야 되니까 말이다! 그리고 경치 좋은 식당에서 최고의 맛있는 음식을 선교사님과 경찰, 소방관, 군인들에겐 무료로 제공하기로 했다. 이런 좋은 곳에서 비싼 음식값을 받지 않는다고 하는 것은 어려운 결정처럼 보였지만 전혀 망설이지 않았다. 젊은이들이 와서 식사를 하면서 기독교에 대한 좋은 이미지가 심어지기를 기도하고 필요한 것은 하나님께서 채워주실 줄 믿기 때문이다. 이렇게 나가는 비용이 매달 전체 매출 중 12~15% 정도 되고 있다.

35

비전 센터가 학교로 바뀌는 기적

어떤 강사분이 집회를 하러 오셨는데 비전 센터에 주무시게 되었다. 토요일 저녁 만나서 이야기를 나누다가 우리 교회의 초등 대안 학교 이야기가 나왔다. 초등학교 5학년까지는 수업을 하고 있는데 내년부터는 교실이 없어서 더 이상 신입생을 받을 수가 없다고 했더니, 그분은 심사숙고하셨는지 주일 아침에 오셔서 "목사님, 비전 센터를 담보로 잡고 돈을 빌려서 학교를 지으면 어떻겠습니까? 못 갚으면 비전 센터를 우리가

인수하겠습니다." 그분의 의견에 모든 장로님들도 찬성하였다. 그래서 비전 센터를 통하여 진짜 다음 세대 훈련원인 학교를 세우기로 하고 세계로우남 초·중·고등학교를 짓기로 했다.

내년에 신입생을 받기 위해서는 10개월 만에 건축을 해야 하는데 그것이 가능한지 의문이 들었다. 코로나19 기간을 지내면서 가장 안타까웠던 것은 많은 사람들이 바른 성경관을 버리고 자유주의 신학적 사고를 갖게 되었다는 것이었다. 나는 이 학교를 통하여 이 시대에 이 나라와 민족과 교회를 이끌어 갈 훌륭한 인재를 키우고 싶었다. 바른 성경관, 바른 가치관, 바른 역사관을 가진 청소년들이 통일 한국의 주역이 되어 한반도는 물론이고 전 세계에 나가서 하나님 나라를 세우기를 간절히 원하기 때문이다.

하나님의 은혜로 2024년 4월 28일 주요 내외빈들께서 오셔서 축사를 해주시고 바로 기초 파일 공사에 들어갔다. 건축 회사는 "장마도 없고 일할 때 비도 오지 않고 계획대로 잘 진행된다면 내년 2월 달 안에 완공할 수 있지만 태풍이라도 한 번 오거나 장마가 오면 어렵습니다."라고 했다.

"걱정 마십시오! 올해는 태풍도 없을 것이고, 공사에 지장을 주는 비도 오지 않을 것입니다."

건축 소장은 그런 일은 없을 것이라는 표정이었으나

나는 확신을 가지고 말했다. 하나님께서 하시는 일이 확실한데, 무엇이 두려우랴!

36

모든 태풍이
비켜가고

내가 그 말을 점심 식사 시간에 했더니 우리 장로님들은 전원이 "맞습니다! 올해는 태풍도 없을 것입니다." 아무도 의심하지 않았다.

다른 사람들이 들었으면 모두 황당했을 것이다. 그러나 우리가 이렇게 확신하는 것은 지금까지 하나님께서 역사하신 수많은 기적들을 수도 없이 경험했기 때문이었다.

2024년에는 지구 온난화로 인해 태풍이 많이 발생했다. 그런데 태풍이 저 멀리 일본 앞바다에 오면 일본 열도와 중국으로 전부 피해 갔다. 단 한 번도 우리나라에 상륙하지 않았다. 기상청에 가서 자료를 찾아보면 확인할 수 있을 것이다.

공사는 한 번도 중단 없이 계속되어 2월에 도서관 인테리어를 끝으로 건축을 마무리할 수 있었다. 그동안 학생들을 모집하여 금년 2025년 3월에 계획대로 입학식을 하고 개교를 할 수 있었다. 이 모든 기적의 주인공은 살아계신 하나님이시다. 모든 것이 전적인 하나님의 은혜가 아니고는 도무지 설명할 수가 없다.

"하나님, 감사합니다. 살아계신 하나님 참으로 감사합니다. 이 학생들을 통하여 이 땅이 달라지고 교회가 달라지고 세상의 문화가 새로워질 줄로 믿습니다."

전국 각지에서 학생들과 학부모들이 이사까지 와서

공부하는 것을 보고 또 그들이 예배드리는 것을 보면 너무나 감동이 된다. 지금 이 감옥에서 가장 보고 싶은 사람은 우리 세계로우남 초·중·고 학생들이다.

37

학교를 위하여 모든 것을
준비하신 하나님

세계로우남기독아카데미(Segero Unam Christian Academy)를 건축하면서 내년 개교를 위해 철저한 준비를 해야 했다.

가장 우선적인 문제는 교장 선생님과 선생님들이었다. 그리고 무엇보다 교과 과정을 새롭게 만들어야만 했다. 나는 20곳이 넘는 학교를 방문하고 설명을 들었다. 직원들은 30곳 이상의 학교를 탐방했다. 그러던 중에 학교를 두 번이나 세우신 교장 선생님을 만나게 되었다. 그분은 적극적으로 우리를 도와주셨다. 그분은 학교를 세울 때는 보통 2년간 선생님들이 교과 과정을 만들고 난 다음에 학생들을 모집한다고 했다. 나는 그분에게 교과 과정을 올해 안에 다 만들어야 하고, 내년에는 반드시 개교를 해야만 되고, 꼭 그렇게 할 것이라고 했다. 그분은 내가 내년에 개교한다는 말을 농담으로 생각했는지 그럼에도 불구하고 우리를 계속 도와주셨고, 나는 다음 주에 교원들을 인사시켜 드리겠다고 했다.

그분은 훌륭한 분이었고 많은 분들이 그를 따르고 있었다. 그런데 2~3일 뒤에 문자가 왔다.

"목사님! 정말 내년에 개교하시는 것이 사실입니까?"
"네 그렇습니다. 어려움은 있지만 하나님께서 일하고 계시니 그대로 될 것입니다."라고 했더니 다시 문자가 왔다.

"목사님, 개척 교회는 6개월 만에 할 수 있지만 학교는 교과 과정을 먼저 만들어야 되는데 그것은 내년 개교까지는 불가능합니다. 목사님께서 정말 내년에 개교하시겠다면 저는 여기서 접겠습니다."

그분의 말씀은 100% 옳은 말씀이셨다. 그러나 나는 하나님의 역사를 알고 있었기에 걱정하지 않았다. 그래서 그분과의 관계는 그 시간 이후로 끊어지고 말았다. 그분의 문자를 받고 잠시 생각에 잠겨 있는데, 민사고 교장 선생님이신 박하식 교장 선생님과 교감 선생님께서 찾아오셨다. 2025년도 민사고 입학설명회를 해운대에서 마치고 대구 입학설명회를 하러 가다가 시간이 있어서 잠시 들르신 것이다. 이런저런 이야기를 하다가 "교과 과정 때문에 나를 도와주기로 하셨던 분이 바로 2시간 전에 더 이상 도울 수 없다고 하여 고민 중에 있다."라고 말씀하였더니 박하식 교장 선생님께서 "목사님 말씀을 들으면서 소름이 돋습니다." 그러면서 놀라운 얘기를 들려주었다.

"우리나라 교과 과정 전문가 중 최고이시고 믿음도 좋으신 고려대 홍 교수님께서 어젯밤 제자들과의 단톡방에 글을 올렸습니다. 그 단톡방에는 100여 명 정도 있는데, 대부분 박사나 교장 선생님들이십니다. 그런데 갑자기 기독교 대안 학교 교과 과정을 만드는 데 헌신할 사람은 지원하라고 하니 10명이 지원했다"고 말씀하셨다는 것이었다.

"어떻게 이런 일이" 하며 놀라워했다.

나는 그 자리에서 교수님 전화번호를 받아 연락을 드렸다. 그 교수님은 나를 알고 있었고 너무나 기뻐했다. 그 주간에 바로 교수님을 만나기로 했다. 고려대학교 교수실로 들어갔더니 반갑게 만나주셨다. 교과 과정은 자기와 제자들이 만들어 주겠다고 하시면서 자기 제자 중 가장 가깝고 신앙 좋은 분이 민사고의 박하식 교장과 신구중학교의 하화주 교장이신데, 박하식 교장 선생님은 민사고로 갔지만 하화주 교장은 이번 8월에 은퇴하고 고려대학교에서 가르칠 것 같다고 말씀하셨다.

교수님은 그 두 분이 우리나라 IB 교육의 전도사라고 소개를 해주셨다. 하화주 교장 선생님의 딸은 하버드 대학교를 나와서 대학원은 MIT에서 공부하고 있다고 했다. 나는 당장 전화번호를 받아 연락을 드리고 며칠 뒤에 하화주 교장 선생님과 만남을 가졌다. 그분은 서울대를 나와서 과학고 중심으로 가르치다 강남에서 교장으로 은퇴를 하고 고려대학교에서 가르칠 것이라고 했다.

나는 설득을 했다.

"고려대학교에 가면 수천 명의 교수님들이 계실 텐데, 수천 명 중에 한 분으로 계시겠습니까? 아니면 수많은 어려움은 있겠지만 우리 학교에 와서 기독 인재를 길러내는 새로운 일에 헌신하고 싶지 않으십니까?"

며칠간 기도해 보고 결정하겠다고 했다. 결국 우리 학교에 교장 선생님으로 오시게 되었다.

학교 건축도 1%의 오차도 없이 기적적으로 끝난 것

같이 최고의 교과 과정과 최고의 교장 선생님을 만나서 모든 것이 해결되었다.

이것이 누가 하나님의 역사가 아니라고 말할 수 있겠는가? 학교를 지을 때도 많은 분들이 기부를 해주셨다. 이름도 모르는 수많은 분들이 물질로 헌신해주셨다. 미국 시카고에 사시는 어느 권사님은 5억 5천만 원을 헌금해 주셨다.

모든 것이 기적이요 하나님의 크신 은혜이다.

"전능하시고, 살아계신 하나님! 역사의 주인이신 하나님 감사합니다. 참으로 감사합니다."

38

10.27 차별금지법 반대 200만 국가 기도회

2024년 7월 코로나 방역법에 대한 대법원 판결에 참석하기 위하여 서울 대법원에 갔다. 비가 주룩주룩주르륵 내리던 날, 우산을 받쳐 들고 갔는데 많은 언론들이 와 있었다. 코로나19는 정부의 명령에 하자가 없다고 판결해 패소했다. 그런데 그날은 우리와 같은 재판부에서 또 한 가지의 판결을 내렸다. 그것은 동성애자 커플에게도 건강 보험을 함께 적용한다는 판결이었다. 언론사들이 와 있었던 것은 이 결과를 보도하기 위함이었다.

이제는 코로나가 문제가 아니었다. 서구 사회를 보라. 이런 단계를 거쳐서 2년 안에 대부분의 나라가 동성애 법을 통과시켰다. 그 재판 판결을 보러 왔던 기독교 관계자들은 "이제는 끝났다"라고 좌절하고 있었다. 나는 그 판결을 보고 와서 새벽 기도를 드리는데 앞으로 우리나라 교회가 유럽처럼 망해갈 것을 생각하니 가슴이 무척 아팠다. 우리의 손자 손녀들이 그런 교육을 받을 것이고, 그런 동성애 교육을 받은 아이들은 자라면서 차츰 교회를 떠날 것이 분명했다. 그 주간 울면서 기도하고 있는데 금요일 새벽에 하나님의 음성이 들려왔다.

"아직 끝나지 않았다." 나는 깜짝 놀라서
"그러면 어떻게 하지? 내가 무엇을 할 수 있지?"
그러던 중 "우리 교회라도 주일날 전 교인들이 국회의사당을 에워싸고 기도를 해야 되겠다."라는 생각이 들었다.

나는 내 방에 들어와서 경비를 계산하다가 이 계획을 어느 장로님께 문자로 보내고 기도를 요청했더니 5분도 안 되어 연락이 왔다. 세계로교회가 돈도 없을 텐데 버스비 등을 위해 후원한다면서 1억을 바로 기부해 주셨다.

"와~! 하나님!" 난 순간적으로 깨달았다. 이 일이 단순한 일로 끝나지 않을 것을! 그러다가 우리 교회만 가느니 혹시 동참할 교회가 있을까 하고 생각해 보니 그런 사람이 마땅히 떠오르지 않았다. 누가 주일날 서울까지 가실까? 그때 대전 새로남교회 담임목사님이신 오정호 목사님이 생각났다. 얼마 전 대전에서 소천하신 박경배 목사님 장례식에 갔는데 안내하시는 분이 오정호 목사님 옆자리로 나를 앉게 했다. 예배 중이었지만 목사님께서는 나의 손을 꼭 잡아주셨다. 예배를 마치고 부산으로 내려왔는데 "나를 만나고 가지 왜 그냥 갔느냐"고 전화가 온 적이 있었다. 나는 왠지 오 목사님께 전화를 걸어보고 싶었다. 그래서 전화를 하니 받으셨다.

"목사님 동성애 법이 통과되면 교회는 끝입니다. 주일날 서울 여의도 국회 의사당을 에워싸고 기도하며 예배를 드립시다. 목사님이 함께 하시면 100만 명은 모일 것입니다."

목사님은 "뜻은 아주 좋은데 주일날에 되겠느냐"고 말씀하셨다.

나는 "100만 명이 모이려면 주일날 아니면 안 됩니다. 주일 오후에 가자고 하면 몇 명이나 참석하겠습니까? 100만 명은 모여야 우리 의지가 드러나고 어떤 사람도 다시는 동성애 법안을 꺼내지 못할 것입니다." 내 입에서는 나도 모르게 계속 100만 명이라는 말이 나오고 있었다.

오 목사님은 "좋습니다. 함께 하겠습니다. 그러나 날

짜는 너무 급하니 조금 미루는 것이 낫겠습니다."

나는 우리 교회만 간다고 생각하고 9월 첫 주에 하자고 했기 때문이었다. 큰아들에게 전화를 했더니 동성애 문제는 거룩한 방파제가 가장 전문적으로 잘한다고 사무총장이신 홍호수 목사님 전화번호를 보내 주었다. 목사님께 전화를 드렸더니

"거룩한 방파제 대회장이 오정호 목사님이신데 방금 전화를 받았습니다."라고 하셨다.

나는 거룩한 방파제라는 이름도 처음 들었고, 홍호수 목사님이나 오정호 목사님이 회장인 줄도 전혀 몰랐다. 나는 또 함께 할 분이 계실까 생각하다 평소에 한 번씩 만난 적이 있는 사랑의교회 오정현 목사님께 전화를 드렸더니 여름 휴가로 외국에 계신다고 했다. 내가 잠깐 설명했더니 "참여할 수는 있는데 주일 오전에는 곤란하지 않겠느냐"라고 했다.

나는 "목사님 주일 오전이 아니면 100만 명은 못 모입니다. 주일 오후에 하면 집에 다 가기 때문에 몇 명이나 모이겠습니까? 한국 교회의 생사가 걸렸으니 단 한 번이라도 주일날 모여서 기도하고 예배드려야 됩니다."

그 말을 들은 오정현 목사님은 "그럼 좋습니다. 대신 100만 명이 아니고 200만 명으로 합시다."

그렇게 해서 200만 명 국가 기도회가 시작되었고, 나중에 오프라인 100만 명, 온라인 100만 명으로 구체적인 계획이 만들어졌다. 이제 이것을 널리 알리고 협조를 구해야 하는데, 시골에 사는 나를 아는 사람이 거의 없었다. 그래서 먼저 전국 교회의 95% 정도가 가입되어 있는 한교총 회장을 만나려고 했다. 어떻게 수소문하니 한교총 총무님 전화번호를 알았고 부탁했더니 날짜를 잡아주셨다.

사실 나는 교회 정치에 한 번도 참여하지 않아서 노

회나 시찰회나 총회에서 어떤 직책을 맡아본 적이 없었다. 한교총을 어디서 들어는 봤지만 잘 알지 못했다. 나중에야 사람들로부터 기독교 단체 중 가장 크다는 얘기를 들었다. 고신대학교 이정기 총장님이 백석 출신이라 함께 했다. 장종현(전 한교총 회장, 백석 총회 대표총회장) 목사님은 처음 만나 뵙고 인사를 드렸지만 그냥 인사치레였다. 그런데 이정기 총장님이 "우리 손 목사님은 코로나19 때도 예배를 드렸던 분"이라고 소개하자 "당신이 바로 그 사람이냐"며 적극적으로 말씀을 하시면서 "무엇이든지 원하는 것이 있으면 다 도와주겠다"고 하셨다.

나는 그때 아하수에르 왕을 만난 기분이었다.

"목사님! 한교총에서 함께한다는 성명서를 발표해 주시고 백석 교단 1만 개의 교회가 다 동참하게 해주십시오!"라고 했더니 바로 사람들을 불러 성명서를 준비하라고 지시하셨다. 그러면서 얼마 뒤 각 교단 총회를 앞두고 한교총 지도부가 모이는데 대부분 주요 교단 총회장과 총무들이 모인다고 했다. 나는 그 모임에서 잠시만 말할 수 있는 기회를 달라고 했더니 그렇게 하겠다고 했다.

그리고 극동방송 김장환 목사님께 전화하여 말씀드렸더니 방송국으로 오라고 했다. 아침 일찍 방송국에 가서 말씀을 드리고 여의도순복음교회 이영훈 목사님과 만남을 좀 주선해 달라고 했더니 바로 전화가 왔다. 그래서 20분 뒤에 여의도순복음교회로 오라고 해서 만났다. 앞으로의 계획을 자세히 설명을 드렸더니 그날 외국에서 몇 천명의 사람들이 오는데 오전은 어렵다고 오후에 하면 안 되겠냐고 했지만, 앞서 언급한 바와 같이 오전이 아니면 100만 명이 모이기는 어렵다고 말했다. 목사님은 기도를 해주셨고, 잘 되기를 바란다고 말씀하셨다. 나는 밖에 나가서 다시 오정현 목사님께 전화를 해서 "목사님! 오전이면 더욱 좋지만 아무래도 오후로 변경해야 되겠습니다."라고 말씀드렸더니 오정현 목사님도 좋다고 하셨다.

그래서 기도회는 10월 27일 주일 오후 2시에 광화문에서 서울역까지 사람이 더 오면 여의도까지 모이기로 했다. 새에덴교회 소강석 목사님을 만나고, 분당우리교회 이찬수 목사님을 만나고, 수영로교회 이규현 목사님과 통화하고 호산나교회 유진소 목사님과도 통화했다. 한 사람의 협조자라도 더 구하기 위해 동분서주했다. 첫날 오정현 목사님과 통화를 끝내고 어디에다 다시 연락을 할까 고민하다가 김홍도 목사님이 계실 때 집회를 갔던 금란교회 김정민 목사님께 연락드렸더니 두 말도 하지 않고 동참하시겠다고 했다. 정말 고마운 분이셨다.

그분의 허락으로 용기를 얻어 서울에 시무하는 여러 교회 목사님들을 만날 큰 용기가 생겼다. 지금 생각해도 너무나 감사한 목사님이시다.

나는 한 번도 시민 단체를 해본 적이 없고, 앞서 말한 것처럼 고신 교단에서도 노회 시찰회 서기도 한 번 한 적이 없어 시찰 목사님이 누군지도 잘 몰랐다. 그러니

다른 교단은 더 이상 말할 것도 없었다. 하지만 이 소식을 듣고 수많은 사람들이 도와주셨다. 내가 만나는 그분들은 이 사람, 저 사람을 만나게 주선을 해주셨다.

어느 날 인천에서 기독교 임원들 모임이 있다고 가자고 해서 갔다. 몇 사람이 모여서 식사를 했는데 이런저런 이야기를 하다가 주안장로교회 주승중 목사님을 좀 소개시켜 달라고 했다. 비행기를 타고 오면서 인천에 주안장로교회가 있는데, 목사님을 만나서 부탁을 하고 싶어서 기도하며 왔다고 했더니 앞에 앉아서 말씀을 나누었던 목사님이 "제가 주승중입니다."라는 것이다.

나는 순간 눈물이 와락 흘러내렸다. '네 앞서 내 사자를 보내어 너를 인도할 것이다!'라는 말씀이 다시 떠올랐다. 서울 영락교회 목사님도 전혀 몰랐다. 한참 이야기하다가 알았다. 아무것도 모르는 나를 사용하시는 것이 너무 신기했다. 한교총 임원회가 열렸고 나도 참석했다.

대부분 주요 교단의 교단장들이 다 모였고, 고신 교단 총회장님도 와 계셨다. 내가 중학교 때 처음 새벽 기도를 가면서 하나님께서 나를 부르신 음성을 듣고 2~3개월 동안 눈물이 그치지 않아, 얼마나 눈물을 닦았는지 눈꺼풀이 다 벗겨져 더 이상 손으로 닦을 수가 없었던 적이 있었는데, 이번 10.27을 준비하는 동안 하나님께서 내게 다시 그런 눈물을 주셨다. 10.27 예배를 떠올리고 생각하면 걷잡을 수 없는 감동과 눈물이 멈추지를 않았다. 한교총 모임에서도 장종현 목사님께서 나를 소개하여 설명할 기회를 주셨다.

나는 지금까지 사람들을 만나면서 양복을 입은 적이 거의 없다. 전국을 다니는 동안 귀찮기도 하고, 나는 원래 양복을 잘 안 입고 다니기 때문이다. 그게 조금 마음에 걸렸는지 오정호 목사님께서

"원래 손 목사님은 복장이 이러니 이해해 주세요."
참으로 세심한 배려가 느껴졌다. 눈물을 흘리며 설명을 했는데, 다들 동참하기로 하고 성명서도 발표하고

신문에 광고도 싣기로 했다. 이런 행사에 큰 도움을 주신 장종현 목사님께 깊은 감사를 드린다. 그리고 오정호 목사님께도 깊은 감사를 드린다.

39

각 총회에서 결의,
한국 교회 역사상 한 번도 없었던 일

한국 교회 각 교단 총회가 2~3주 안에 동시에 다 열리게 되어 있었다. 백석 교단은 가장 먼저 나에게 설명할 시간을 주기로 했다. 장종현 목사님은 할 수 있는 모든 것을 다 도와주셨다. 총회에 참석하기 직전 총회 회의장으로 들어가시는 목사님과 임원들을 만났다.

"목사님 5분만 부탁드립니다."
"5분이 아니라 하고 싶은 대로 다 말씀하세요!"라고

하시며 예배가 끝나자 바로 나를 불렀고, 나는 흐르는 눈물을 참아가며 17분 동안 말씀드렸다.

  백석 교단은 전 교회가 다 참석하기로 결의했다. 목사님들은 잘 알겠지만 총회는 결의가 안 된 안건은 거의 다룰 수가 없다. 그런데도 그런 시간을 주신 것이다. 다음 날은 고신 총회가 있었고, 총회장님과 부총회장님께 부탁하여 설명할 시간을 가졌다. 몸은 하나인데 서울, 천안, 강원도, 울산, 전국을 다니며 총회마다 눈물로 호소했고, 교단마다 환영해주시고 반겨주셨다. 한국 교회에서 가장 큰 합동 교단, 통합 교단 등등 수많은 곳에서 즉석 안건으로 채택하여 설명을 할 수가 있었다.

  내 인생에서 가장 바쁘고 어려운 영적 전쟁터였다. 교단마다 반대하는 사람도 있었다. 감리교는 동성애 때문에 반반으로 나뉘어져 있었다. 결국 그곳에는 가지도 못했고, 순복음도 갈 수가 없었다. 사랑의교회 오정현 목사님의 헌신은 하나님만 아실 것이다. 여기서 다 밝힐 수는 없지만 오 목사님이 아니었다면 이런 역사는 결코 이루어지지 못했을 것이다.

대부분의 주요 교단이 10월 27일에 서울 광화문에서 여의도까지 100만 명이 모이기로 결의했지만, 총회에서 결의를 한 것은 형식적인 것이고, 실제로 참석할지 안 할지는 그 교회 당회의 결정에 달려 있었다. 그러나 총회 결의가 없었다면 교회마다 주일날 다 참석하긴 어려웠을 것이다. 특히 남부 지방은 새벽 기도를 마치고 버스를 대절하여 새벽에 출발해서 서울로 올라와야 하는데, 주일 낮 예배를 차 안에서 드리면서 와야 했기에 참여하기가 결코 쉽지 않았다. 그럼에도 불구하고 어떤 단체도 아니고 조직도 없는 우리 말을 듣고 거의 대부분의 교단이 결의를 한 것은 대한민국 교회 역사상 처음 있는 일이었다. 이 모든 일은 전적으로 하나님께서 사람의 마음을 움직여서 하신 일이다. 오직 살아 계신 하나님께만 존귀와 영광을 올려 드린다.

40

전국 각지 교회를 돌며 호소하다

아무런 조직이 없는데 한 달 동안에 100만 명이 모인다는 것은 상상을 초월하는 어려운 일이었다. 본부를 서울 극동방송 1층에 잡았다. 마침 임대로 있던 은행이 나가면서 잠시 비어 있었는데 그냥 무료로 쓰도록 허락해주셨다. 지금까지 거룩한 방파제에서 시민 단체를 10년간 운영해 오시면서 많은 노하우를 가지고 계셨던 홍호수 목사님과 몇 분은 집회를 준비하는 동안 어마어마한 역할을 해주셨다. 그리고 우리 교회 부목사님들과 청년들이 올라왔고, 책 읽는 사자, 조평세 박사와 여러분들이 합류했다. 지금까지의 집회와는 완전히 성격이 달랐다. 대한민국 역사상 가장 많은 인원인 100만 명이 모이는 집회였다.

정말 가능할까? 나는 몇 가지 보고를 받으며 다른 업무는 주로 다른 분에게 맡기고 전국을 다니며 도시마다 있는 기독교 시민 단체들을 만나고 그분들에게도 호소하고 그 도시에 적합한 책임자를 세우고 다녔다. 하루에 몇 군데를 다녔다. 대형 교회를 중심으로 한 분 한 분 만나고 동참을 호소했다. 그 지역의 주요 교회는 거의 전부 연락을 하고 찾아다녔다. 어디나 사람이 모이면 방문을 했고 많은 곳에서 와달라는 요청이 있었다.

그러나 동성애에 대한 부분은 시각에 따라서 반응이 완전히 달랐다. 특히 기윤실 같은 곳은 우리를 비난하고 나섰다. 나는 의아해하여 그동안 기윤실의 성명서를 찾아보라고 했더니 놀랍게도 기윤실은 차별금지법을 제정하는데 적극 찬성하고 지지한다는 성명서가 몇 개나 있었다. 너무나 놀라웠다.

우리는 본부에 모니터를 세우고 참여하기로 한 교회와 단체, 개인의 명단을 파악하기로 하고 숫자를 입력하기 시작했다. 대형 교회는 움직이기 쉽지 않았고, 목사님들도 적극적이지 않았다.

날짜가 급하게 정해졌기에 교회마다 이미 행사가 정해져 있기도 해서, 취소하고 참여하기가 쉽지 않았다. 특히 남부 지방은 주일 낮 예배를 못 드리고 올라와야 했기에 문제가 많았다. 올라오지 못하는 교회는 오후 예배를 본 교회에서 유튜브로 드리기로 했다. 그러나 100만 명이 모여야 되는데 부족한 것이 너무나 많았다.

백석 등 몇 교단은 목사님들이 본부에 나와서 자기 교단 교회에 전화하는 팀을 만들었고, 교단마다 책임자를 세워서 연락을 했다. 그때 수고하고 도와주신 분들이 너무 많아 지면을 빌어 일일이 감사를 표시해야 하는데 다 말씀을 드릴 수가 없어서 죄송하게 생각한다. 하나님은 그 노고를 결코 잊지 않으실 것이다. 그분들에게 복을 주시길 간절히 원한다.

홍보도 유튜브 중심으로 계속 나갔다. 그러자 전 세계에서 동성애 때문에 목사가 체포되고 교회가 역차별을 받고 교회가 사라지는 영상들이 계속 올라왔다. 동성애 법에 대하여 잘 모르고 있었던 기독교인들이 각성하는 기회가 되었다. 본부에 있는 모니터의 참여 숫자는 3만, 5만, 15만, 47만까지 올라갔다. 서울 경찰청과 집회 장소 때문에 계속 싸워야 했다. 한편 서울경찰청은 절대 100만 명은 모이지 않을 것이라고 하면서 우리가 요구했던 광화문에서 숭례문, 서울역, 삼각지까지 집회 장소를 허락해 주지 않았다.

10만 명 모인다 하고는 1만 명도 안 모인 집회가 너무나 많았는데 목사님 말만 듣고 서울 시내 중앙을 전부 허락할 수가 없다는 것이었다. 박근혜 대통령 탄핵 집회 때 200만 명이 모였다고 했지만, 실제로는 10만 명이 조금 넘게 모였다고 하면서 100만 명은 절대 일어날 수 없는 일이라고 했다.

모니터의 참여 숫자는 74만이 되었다. 그들을 불러서 보여주었다. 실제 이름과 전화번호로 참여 의사를 밝힌 사람들과 단체였다. 우리는 중복되는 숫자를 지워가면서 확인에 확인을 거듭했다. 그제서야 경찰청은 광화문에서 서울역까지 장소를 허락하겠다고 했다.

지금까지 대한민국 역사상 광화문에서 서울역까지 집회 허락을 한 적이 한 번도 없었다고 했다. 지방에서 올라 올 버스의 주차 문제도 경찰청과 의논했다. 이제 10.27 주일은 점점 다가오고 있었다. 우리는 본부에 전국 지도를 붙여놓고 있었는데 세계로교회 청년들, 집사님, 권사님들이 포스터를 만들어 땅끝 마을에서 목포, 인천, 서울, 강원도 고성까지 일주일 만에 교회들을 다니면서 홍보 포스터를 다 붙였다. 그중 한 예로 전주에서 설명회를 하고 있었는데 세계로교회에서 자기 교회까지 와서 포스터를 부착하고 있다고 알려주기도 했다. 정말 놀랍고 감사하기 그지없다. 보는 사람들마다 너무 놀라워했다. 김복연 목사님과 정대준 목사님, 모든 교역자들, 전도팀들, 청년들 모두에게 감사를 드린다.

41

광화문에서 서울역, 그리고 여의도 100만과 유튜브 140만의 기적

10.27 집회가 점점 다가오자 경찰청은 광화문에서 서울역까지 집회 장소를 허락해준다고 했지만 우리는 삼각지까지가 아니면 수용할 수 없다고 단단히 맞섰다. 홍호수 목사님의 노력이 너무나 컸다. 그러나 거기는 용산 대통령실이 있어서 안 되고 마포대교에서 여의도까지 허락해 주겠다고 했다. 우리는 집회가 두 군데가 되면 송출 등 문제가 많다고 강력히 주장했지만 더 이상은 어쩔 수가 없었다.

10.27 주일 아침 모두가 긴장했다. 서울, 경기, 인천 지역은 오전 예배를 드리고 빨리 와야 했고, 지방은 아침 7시 정도에 출발해야 했다. 최대로 큰 대형 스크린 38개를 세웠다. 전국에 있는 대형 스크린은 전부 수배하여 세웠다. 광화문에서 서울역, 여의도 대로 곳곳에 세웠다. 지방에서 올라오는 차량들은 여의도로 안내하기로 했다. 특히 지방에서 올라오는 사람들은 휴게소마다 10.27 집회에 참석하려는 사람들을 만나 서로가 격려하면서 힘이 되었고 모든 사람들이 한마음이 되어 감격과 기쁜 마음으로 올라왔다.

우리 세계로교회 성도들은 12시쯤 도착했다. 나는 아무 순서도 맡지 않고 집회를 보고 받고 상황만을 파악하고 있었다. 정말 100만여 명이 모일까? 수십 km의 집회 장소에 차량을 막고 스크린을 세웠다. 스크린은 하루 전날 밤부터 세웠기 때문에 전날 저녁부터 서울 시내 도로 한복판이 통제가 되었다. 허락을 해준 경찰청도 우리와 같은 걱정을 했을 것이다. 사람들이 우

리가 주장한대로 모이지 않으면 사기당한 것과 다를 바가 없으니까! 당연하게 생각한다. 그런데 사람들이 모여들기 시작했다. 12시가 지나자 거리마다 사람들이 쏟아져 나왔다. 지하철은 터져 나갈 것 같았고 안전 문제 때문에 정차를 못했다. 많은 인파로 발 디딜 틈이 없어서 지방에서 올라오는 차들은 여의도로 안내되었지만 누구도 불평하지 않았다. 광화문에서 서울역까지, 그리고 여의도 대로가 꽉 찼다. 100만여 명이 실제로 모인 것이다.

여의도는 송출이 원활하지 않아 잠깐씩 영상이 끊어지기도 했지만 누구 하나 미동도 하지 않고 예배를 드리며 기도를 했다고 모두가 자랑스러워했다. 서울 시내 대로에서 손을 들고 찬양하고 눈물을 흘리며 기도하고, 어른 아이들 할 것 없이 모두가 목이 터져라 찬송하고 기도했다. 부끄러워하는 사람은 한 명도 없었다. 처음 보는 광경이지만 불신자 누구 하나 욕하는 사람이 없었다. 모두가 질서 정연하였고 집회가 끝나고 보니 쓰레기 하나 없었다. 이 집회에 참석하기 위해 홍콩에서, 일본에서, 미국, 캐나다에서도 사람들이 몰려왔다. 모든 사람들이 한마음 한 뜻이 되어 참석했다. 경찰청 관계자들도 깜짝 놀랐다. 우리는 이 자유 대한민국에서 성경적 가치를 지키고 우리 후손들에게 신앙의 자유를 물려주기를 원했다. 그리고 그것 때문에 함께 눈물로 기도했다. 서울 시장을 비롯해 많은 기독 정치인들도 주차 관리 등으로 도와주었다.

나는 우리나라가 자유주의 신학이나 동성애 등에 오염된 교회가 아닌, 우리 대한민국이 성경의 가치를 지켜서 전 세계에 복음을 전하는 나라가 되기를 간절히 기도했다.

OECD 국가 중 우리나라만 동성애가 통과되지 않았다. 나는 우리나라가 거룩한 방파제가 되어 이것을 막아낸다면 이 지구상의 수많은 나라와 교회가 함께 막을 수 있다고 믿는다. 그리고 역전되어 유럽과 북아메

리카 등도 신앙의 부흥이 다시 일어날 것이라고 믿는다. 200만 명의 눈물의 기도는 결코 사라지지 않을 것이다.

10.27, 하루를 위해 사용된 경비를 계산해 보니 35억에 가까웠다. 대부분 장비 준비 등에 들어간 금액이었다. 놀랍게도 그날 헌금이 약 31억 정도 들어왔다. 그리고 각 교회들 중에서 이 집회를 위해 헌금한 것이 약 4억 정도 되어서 거의 맞아떨어졌다. 지금 생각해도 감사해야 할 부분이 너무나 많다. 또 아쉬웠던 점도 많았다. 심지어 서울에 있는 대형 교회들 중에는 끝까지 참여를 하지 않고 광고도 한 번 하지 않은 교회들도 있었다. 그러나 성도들은 교회의 방침을 따르지 않고 많이 참석했다.

10월 27일 저녁 극동방송 사무실에 다른 업체가 들어온다고 해서 장소를 모두 비워 주었다.

극동방송과 김장환 목사님께 무한 감사드린다. 3개월 동안 도대체 무슨 일이 일어난 걸까? 도무지 현실로 믿어지지 않았다. 10.27 이후로 어떤 정치인도 차별금지법에 대하여 입에 올리는 사람이 없었다.

나는 앞으로 이런 일이 벌어지면 목숨을 바쳐 싸울

것이라고 말해 놓았다. 하나님은 정말 미약한 사람들을 통하여 이 일들을 이루셨다. 동성애에 대한 대각성이 너무나 중요한 요소였다.

여기서 이름을 다 밝힐 수는 없지만, 그때 수고하신 귀하신 분들께 다시 한번 더 깊은 감사의 인사를 드린다.

오늘은 10월 8일이다. 두 주가 지나면 10.27 연합예배 1주년인데, 나는 감옥에 있으니 어떤 것도 할 수 없지만 추석 연휴에 이 글로 감사의 기도를 대신한다.

"우리 하나님 참으로 감사합니다. 살아계신 하나님! 모든 영광을 홀로 받아주시옵소서! 이 나라 교회와 성도들을 지켜주시고 언제나 바른 성경적 믿음으로 살아갈 수 있도록 은혜를 베풀어 주시옵소서."

수많은 사람들이 헌신했는데, 나의 일 위주로 적다 보니 내가 무엇을 많이 한 것 같지만 실제로 그렇지 않음을 분명히 밝혀둔다. 그때 일어난 모든 일들을 다른 사람, 다른 분들이 기술하여 책을 쓴다면 몇 권이나 쓰고도 남을 것이다. 그래도 이 시간을 빌어 수고하신 오정현 목사님, 오정호 목사님, 홍호수 목사님, 주연종 목사님 등 모든 분들의 수고에 다시금 깊은 감사를 드린다.

42

특새 때 임한 불

특별 새벽 기도 3일째인가. 설교를 마치고 통성 기도를 하는 시간이 되어 기도 제목을 주고는

"주여 한 번 외치고 통성으로 기도하겠습니다." 하고

나는 강대상을 잡고 "주여"라고 외쳤다.

그 순간 갑자기 머리 위에서부터 온몸으로 불이 쏟

아져 내렸다. 엄청난 불이었는데 뜨겁지도 않고 너무나 포근했다.

그 순간 몸은 너무나 가벼워 무게를 느끼지 못했다. 마음은 너무나 평온하고 아늑하여 "와~ 너무 좋다."라고 생각되는데 온몸에 힘이 빠지고 가벼워졌다. 얼마 후 다리에 힘이 빠졌다. 나는 순간 이러다 넘어지겠다 싶어 강대상을 의지적으로 꽉 잡았는데 그 순간 강대상과 함께 넘어졌다.

기도를 시작하려던 성도들이 놀랐고, 성도들은 강대상으로 뛰어 올라와 나를 부축해서 안아서 들쳐 업고 새가족실로 갔다. 나는 아직도 너무나 좋아 이렇게 이대로 있고 싶다고 말을 했고 그 후의 기억은 전혀 없다. 성도들은 울면서 119를 부르고 난리가 났다.

119가 왔고 고신대학교 병원으로 실려 갔다. 병원에서는 아무 이상이 없다고 검사 몇 번 하고 링겔 주사만 한 대 맞고 나왔다.

나에게 2024년은 학교 건립과 10.27 차별금지법 반대, 탄핵, 세이브 코리아로 이어지는 한 번도 경험하지 못한 일들이 연속적으로 일어났다.

위로부터 불이 내렸을 때 "아~ 이대로 천국에 갔으면 얼마나 좋을까!"라는 생각이 들었다.

지나고 보니 하나님께서 내게 큰 은혜를 베푸셔서 강하고 담대하도록 성령의 능력을 입히신 것 같다.

43

계엄과 탄핵

2024년 12월 3일, 미국 집회로 뉴욕에 도착했다. 비행기가 착륙하자 문자가 왔다. 그런데 그중에

"계엄이 선포되었다."는 내용이 있었다. 나는 순간 "사실일까 장난일까를 생각하면서" 솔직히 별 관심이 없었다.

원래 정치적 갈등이 심했으니까 잘 수습되리라 믿었

다. 지금 우리나라가 계엄을 하고 군사 정권처럼 될 것도 아니고, 갈등은 있어도 금방 수습될 것이라 생각했다. 대통령은 계엄을 했지만 국회는 몇 시간 만에 계엄을 해제시켰다. 그런데 사태는 완전히 다르게 전개되고 있었다. 모든 사람들이 아는 사항이라 더 이상 적을 필요는 없을 것 같다. 정치적 견해에 따라 해석은 달라질 것이기 때문에 몇 가지만 적는다.

44

탄핵과 사법 절차에 대한 의문

 탄핵을 하는 과정이 조금 이상했다. 거대 야당은 코너에 몰려 있었고, 이재명 대표는 재판으로 언제 물러갈지 모르고, 그렇게 되면 이재명은 물론 지난번 대선 자금 400억 이상을 돌려줘야 될 상황이었다. 그런데 윤 대통령이 탄핵이 되면 이재명에게는 새로운 희망이 생기는 형국이었다. 나는 계엄을 할 수 있다고 생각했다. 당연히 헌법에 있으니까 대통령의 권한 아닌가? 또한 계엄이 법을 어기는 측면이 있다면 당연히 탄핵도 가능하다고 생각했다. 그것이 국회의 권한이 아닌가? 그럼에도 불구하고 내가 보기에 상상할 수 없는 일들이 야당을 통하여 일어나고 있었다.

지금까지도 소수 여당과 대통령을 압박하고 행정부 인사들을 수없이 탄핵했다. 대한민국이 생기고 이런 상황을 본 적도 들어본 적도 없었다. 검찰, 법원을 압박하고 노골적으로 공갈 겁박을 하고 있었다. 대통령 등 마음에 들지 않는 부처는 특활비를 0원으로 만들어 버렸다. 이것은 정치가 아니었다. 그리고 탄핵도 한 번 투표하여 부결되었으면 중단해야 하는데 일방적으로 법을 해석하여 결국 탄핵을 시켜버렸다. 그 뒤에 일어났던 무수한 사건들, 지금까지 계속되고 있다.

그런데 더 놀라운 것은 이런 일이 몇십 년 전에 일어났으면 전국의 대학생과 교수, 재야 인사들이 다 들고 일어날 것인데 조용할 뿐이었다.

전광훈 목사님이 이끄는 광화문에는 사람들이 모였지만 아무리 많이 모여도 뉴스 한 줄 사진 한 장 나오지 않았다. 내가 살고 있는 나라, 이 나라가 어느새 자유 민주주의 국가가 아니라 히틀러의 나치처럼 되겠다는 생각이 들었고 계속되는 야당의 공세로 인한 모습이 정말 전체주의 국가처럼 되어 가고 있었다.

찰리 커크(Charles James Kirk)는 "급진 좌파의 민주주의는 결국은 독재"라고 말했다. 다수의 힘으로 밀어부치는 민주당과 이재명은 민주주의처럼 보이지만 폭군과 다를 바가 없었다. 대통령을 구속하는 과정에서 보여준 판사들의 행태는 세상을 놀라게 했다.

"형사법 110조는 예외." 세상에 있을 수 없는 일들이 벌어지고 있었지만 모두가 잠잠하다. 울분을 가진 사람들이 많았지만 언론 방송은 완전 편파 방송이 되어 버리고 말았다. 세상이 아무리 썩어도 법원만 바로 서 있으면 되는데 법원의 판사들도 누구 편인가에 따라

달라졌고, 야당은 검사, 판사 가릴 것 없이 공갈 협박으로 자신들 뜻을 이루어 가고 있었다. 세계 역사 책에서나 보았던 장면들이 날마다 일어나고 있었다. 히틀러(Adolf Hitler), 폴 포트(Pol Pot), 이디 아민(Idi Amin Dada Oumee) 등등 어떻게 우리나라에서 이런 일이 일어날 수가 있는가?

계엄도 너무나 황당했지만 지금 야당의 독재와 그 작태는 1당 독재의 길로 가는 모습을 충분히 보여주고 있었다. 나치 시대의 독일 교회는 무엇을 했는가? 수백만 명의 이웃 유대인들이 가스실로 끌려 가는데도 일부 목회자와 교회 말고는 그대로 방치했고, 오히려 방조했다. 그 결과 독일 교회는 완전히 무너지고 말았다.

우리나라는 어떻게 될까? 이재명 대통령이 되면 내려오려고 할까? 그렇지 않을 것이다. 같은 당 사람들도 생각이 다르면 가차 없이 쳐내버리는데, 여기서 막지 않으면 무슨 일이 일어나게 될지 전혀 알 수가 없다. 독재 국가가 되고 난 다음! 그때 가서 후회한들 무슨 소용이 있는가?

　저 북한을 보라. 영적 대각성과 부흥이 일어나 동방의 예루살렘이라고 불리웠던 평양이 순식간에 교회 하나 없고 목사 한 명도 없는 곳으로 변하지 않았는가? 누가 평양이 교회가 없는 지옥으로 변할지 알았겠는가? 그렇게 될 줄 그 누가 알았던가? 역사는 언제나 좋은 쪽으로 흘러가는 것처럼 보이지만 흥망성쇠는 어느 때나 있었다. 탐욕은 전쟁을 일으키고 독재자도 계속 나타날 것이다. 이런 현상은 이 땅의 역사가 끝날 때까지 계속될 것이다.

45

세이브
코리아

나는 기도하던 중에 10.27이 생각났고 국민들과 함께 계속 기도하고 싶었다. 그래서 몇 명과 모여 여의도에서 기도회를 가지기로 했다. 나는 10.27 연합 예배 말고 그 어떤 집회에도 참석해 본 적이 없었다.

광화문에도 단 한 번도 가본 적이 없었다. 들리는 소문에 의하면 사람들은 많이 모이지만 정치 집회이고 말이 거칠어서 청소년이나 가족은 갈 수가 없다고 했다.

그래서 우리는 여의도에서 기도회를 하기로 했다. 몇 명이 집회에 참석할지는 아무도 몰랐다.

10.27 때는 차별금지법이 주요 쟁점이라 교회에 부탁을 했지만 세이브 코리아는 정치적으로 민감하여 누구에게 나와달라고, 도와달라고 할 수가 없었다. 세이브 코리아가 끝날 때까지 예배 순서에 기도자를 찾기도 어려웠고, 순서를 맡은 분이 나타나지 않을 때도 있었다.

토요일 2시에 국회 의사당에 집회를 시작했다. 몇 명이 모이든지 상관하지 않았다. 10명이든 100명이든 나라를 구하는 기도를 하는 것이 주된 목적이었기 때문이다. 그런데 시간이 되자 여기저기서 수천 명의 사람들이 모여들었다. 매주 토요일 오후 2시 기도회를 갖기로 했다. 다음 주는 더 많이 모였다. 나는 각 지역을 다니며 기도회를 열고 싶었다. 여의도는 그대로 하고 나는 전한길 선생님 등과 전국을 돌기로 했다.

먼저 부산을 갔다. 어마어마한 사람들이 모였다. 서면 롯데백화점 앞 대로에서 했는데 장소가 부족했다. 나의 계획은 달라졌다. 체계적으로 전국을 돌아야 되겠다고 생각하고 부산, 대구, 광주, 대전을 가기로 했다. 그 정도 되면 탄핵 국면도 끝날 것처럼 보였기 때문이다. 지방을 돌면서 부산을 가장 먼저 집회 장소로 잡았다. 부산역 광장은 언론에서도 주목하기 시작했다. 우리 모임에는 청년, 학생들이 많이 참가했다. 일기예보에 비가 온다고 했다. 차가운 겨울 비가 오는데 과연 몇 명이나 모일까? 한겨울 비가 오는데 지금까지 부산 역사상 가장 많은 사람들이 빗속에서 3~4시간을 꼼짝도 하지 않고 순서에 따라 기도했다. 지하철은 너무 많은

사람들이 모여 무정차로 통과했다. 기적이었다.

다음 주는 동대구역인데 그 넓은 광장에 얼마의 사람들이 올지, 무대를 어디에다 세워야 될지 몰라 부목사님 두 분과 여러 군데를 답사하고 무대 장소를 정하고 기다렸다. 지난번 부산에서 생각지 않게 너무 많이 모였기에 모든 언론들도 전부 동대구역 집회를 주목했다. 2시에 사람들이 모여드는데 상상할 수가 없었다. 동대구역 그 넓은 광장이 개미떼처럼 발 디딜 틈이 없이 모여서 찬양하고 기도했다. 10만 명이 넘게 모였다. 내 생각에 기독교 50%, 불신자 50% 정도 되는 것 같았다.

그날 영상은 뉴스에 다 나오고 어마어마한 영향을 미쳤다. 방송에서는 세이브 코리아에 대한 이야기가 끊이지 않았다. 세이브 코리아에 연사로 나온 전한길 선생님의 이야기는 모든 뉴스에 도배가 되었고 모든 언론은 전한길 선생님의 발언을 소개했다. 다음 주 토요일은 광주였다. 광주는 과연 몇 명이나 올까? 자기들

과 정치적 입지가 완전 다른 단체가 광주에서 그것도 5.18 광장 앞에서 집회를 하는데, 광주에서 보수 집회에 몇 명이 올 것인가? 뉴스마다 토론과 논쟁이 이어지고 있었다. 나는 집회 때마다 "하나님 대한민국을 구하소서!" 외치고 청중들은 따라 하게 했다. 그 시간이 내게는 가장 의미 있는 시간이었다. 동대구역 집회는 대구 역사상 가장 많이 모인 집회였다.

그런데 광주는 장소 때문에 문제가 생겼다. 5.18 광장 쪽은 절대 안 된다는 것이었다. 그러자 민주당의 한 의원은 이쪽에서 하라며 주소를 올렸는데, 그 주소는 광주의 쓰레기장 주소였다.

여론이 분노하고 있었다. 이제는 광주에 얼마의 사람들이 모이는가에 대한 것이 언론의 최고 관심사가 되었다. 나는 광주 금란로에 집회 허가를 내고 얼마나 많은 사람들이 올지 감이 오지 않아 스크린을 몇 개를 세워야 할지 몰라 고민했으나, 고민 끝에 금란로 전체

에 스크린을 세우게 했다. 집회가 시작되자 엄청난 인파, 셀 수 없는 사람들이 모여들었다. 눈으로는 끝이 보이지 않았다. 광주 역사상 가장 많은 사람들이 모였다고 언론은 전했다. 보수 기도회에 광주에서 이렇게 많이 모일 줄은 누구도 몰랐다.

다음 주는 대전이다. 대전은 잘 움직이지 않고 열정적이지 않아서 많은 사람들이 모이지는 않을 것이라고 많은 사람들이 귀띔을 해주었다. 그래서 시청 앞 도로로 정했다. 그러나 나는 다시 한번 집회 장소를 방문하여 2개의 잔디 광장 전체를 집회 장소로 정했다. 기도하고 싶은 사람은 하나님께서 보내주실 것이라 믿고 1시부터 찬양이 시작되는데 사람들이 많지 않았다. 2시부터 정식적으로 집회가 시작되지만 그 넓은 잔디 광장을 보면서 무엇인가 잘못됐다는 느낌이 들었다. 그러나 이제 어쩌랴 한 사람이 모여도, 기도는 가장 위대한 것이 아닌가. 감사한 마음으로 기다리고 있는데, 2시가 되자 대전시청 잔디 광장은 끝이 보이지 않을 만큼 많은 사람들이 응집했고, 대전도 역사상 가장 많은 인파가 모였다.

도시마다 수만 명, 10만 명을 넘기고 있었는데 기적이 아닐 수 없었다. 탄핵 결정이 임박해지고 이번 주는 선고가 나올 수도 있었다. 마지막으로 여의도 대로 전체를 집회 장소로 잡았다.

그날은 3.1절이기도 했다. 토요일 여의도는 드론으로도 끝까지 날아갈 수가 없었다. 드론 신호가 끊겨서 끝까지 촬영할 수가 없었다. 얼마나 많은 사람들이 모였는지 가늠할 수가 없었다.

우리는 행진하여 국회 의사당을 에워싸고 기도했다.

나는 우리의 기도가 결코 헛되지 않을 것이라고 믿는다. 각 도시마다 역사상 최고의 인파들이 한겨울을 보내고 봄이 되기까지 아스팔트 위에서 모였다. 탄핵이 빨리 결정이 나지 않아 구미, 춘천, 울산 등등 매주 집회는 계속되었다. 이제 모든 언론이 이번 주에는 결정이 날 것이라고 했다. 우리는 마지막으로 여의도에 집회를 하기로 했다. 그러나 금요일에 탄핵 인용이 되었다. 모두의 예상을 뛰어넘었다. 결국 대통령은 탄핵

되었다. 나는 내일 집회는 취소하고, 세이브 코리아는 지금 이 시간 이후로는 해산한다고 언론을 통해 발표를 했다.

그러자 많은 단체들과 많은 보수 유튜버 등이 여기서 그만둔다고 우리를 강하게 비난하고 불만을 호소했다. 그러나 재판 결과에 승복하지 않으면 자유 민주주의는 어떻게 되는가? 역사를 주관하시는 분은 살아계신 하나님이시다. 우리는 최선을 다했다. 지금은 몰라도 하나님은 자신의 뜻을 반드시 이루실 것이다. 우리는 조직 자체가 없었기 때문에 그대로 끝냈다. 토요일 여의도에 설치하려던 스크린은 세우지 않았고, 세이브 코리아는 그렇게 끝이 났다.

46

교육감 보궐 선거, 그리고 구속

2025년 봄에는 부산시 교육감 재보궐 선거가 있었다. 급진 좌파는 단일화를 이루고 나왔다. 그분은 통진당의 부산 대표를 역임했고, 통진당은 반국가 세력 단체라고 수년 전에 법원에 의하여 해산되기도 했다. 그들은 차별금지법을 지지하는 등 우리와는 완전히 다른 입장이었다.

앞으로 부산의 유·초·중·고등학교 33만 명의 미래가

걸려 있는 선거였다. 보수 후보로 단일화가 되었고, 그 후보가 우리 교회를 방문한다고 했다. 나는 주일 낮 예배 때 설교를 마치고 그분을 불러내어 몇 가지를 물어보았다.

"차별금지법에 대해서는 어떻게 생각하십니까?" 등 서너 가지를 물어보았다. 우리 교회는 부산시장 선거와 지난번 교육감 선거 때도 동일하게 불러내어 물어본 적이 있었다. 유권자로서 당연한 것이다.

이것이 한 번도 문제가 된 적은 없었다. 또 누구를 찍으라고 공식적으로 말한 적이 한 번도 없었다. 그러나 선관위는 나를 고발했다. 그리고 급진 좌파 목사들도 합세하여 설교에 언급한 몇몇 민주당 인사와 이재명에 대한 비판이 선거에 영향을 미쳤다고 말했다. 이제 이재명이 대통령이 되는 것은 시간 문제였다.

세이브 코리아를 통해 선관위의 부정 인사 등을 비

판한 표적 고발임은 두말할 필요가 없다.

급진 좌파들은 온갖 소리를 다 해도 누구 하나 고발도 없었다. 특히 압수 수색은 일제 시대에도 없던 일이었다.

대통령 선거가 시작되는 첫날, 새벽부터 경찰이 들이닥쳤다. 일제 시대에도 교회는 압수 수색하지 않았고, 군사 정부 시절에도 그러지 않았는데, 정권이 바뀌기도 전에 경찰은 권력의 사냥개가 되어 담임목사 사택과 담임목사실과 나의 핸드폰을 압수수색해 갔다. 경찰의 공포 정치가 시작된 것이었다. 그리고 구속 영장이 발부되어 내 평생 처음으로 동래경찰서 유치장을 거쳐 부산 주례 구치소에 들어오게 되었다.

그 후 나는 구속의 부당함을 주장하며 구속적부심을 청구했으나 납득할 수 없는 사유로 기각되고 말았다.

47

의인 한 명이 없어서
망했던 예루살렘

이제 보니 법원도 완전히 정권에 알아서 드러눕고 있다. 이재명이 대통령이 되고 민주당은 히틀러(Adolf Hitler) 못지않은 법안들을 다수결로 통과시키고 있다. 정청래, 추미애를 보라. 민주주의 국가에서 있을 수 없는 일들이 매일매일 일어나고 있다. 이재명을 수사했던 검사들은 전원 좌천되었다. 하지만 이재명을 변호했던 변호사들은 10명이 넘게 정부 요직을 다 차지했다. 대법원장을 물러가라고 매일 압박을 가하고 있다.

방송통신위원장도 물러가라고 했는데 안 물러가니까 방송통신위원회를 아예 없애버렸다. 그리고 다음 날 경찰은 그녀를 대낮에 집에서 수갑을 채워 체포를 하였다.

내가 외쳤던 일들이 실제로 일어나고 있다. 검찰이 밉다고 검찰청을 없애버렸다. 이것이 독재가 아니고 공포 정치가 아니고 무엇이겠는가? 정권이 바뀌고 40일 동안 세상은 완전히 달라졌다. 덕분에 나는 자동으로 선지자가 될 판이다. 이것을 예측하고 다 말해 놓았으니까 말이다. 그러나 우리에게는 기도가 먼저 있었다. 어쩌면 이런 일들 때문에 하나님께서 전국을 돌면서 먼저 기도를 준비하게 하신지도 모른다. 설교 시간에 정권을 비판했다고 구속된 적은 지금까지 없었다. 금품 수수 등으로 현장에서 체포되지 않는 이상 거의 대부분 불구속으로 재판하여 벌금을 물리는 것이 지금까지의 관행이었다.

그런데 나는 구속되어 지금 독방에 앉아 있다. 그러나 억울하지도 않다. 이런 세상이 올 줄 알았으니까. 어쩌면 당연한 것이 아닐까. 역사의 주인이신 살아계신 하나님은 어떤 뜻과 계획을 가지고 계신지 나는 모른다. 언제 이곳에서 나갈지도 모른다. 그러나 일어서도 감사, 앉아서도 감사, 감사밖에 나오지 않는다.

33년 동안 한 교회에서 열심히 사역하며 지냈는데 여기 와 있으니 마치 여행을 온 것 같기도 하고, 기도원에 온 것 같기도 하다. 앞으로 하나님께서 어떻게 인도하실지 기다려 보자. 기대가 된다. 하나님은 언제나 옳으시고 언제나 선하시다. 그래서 오직 하나님만 의지하고 믿음으로 살아왔고 앞으로도 그렇게 살아갈 것이다.

48

교회와 정치에 대한 논란

　내가 공직선거법으로 고발을 당하자 교계 급진 좌파들은 전국을 돌면서 총회 차원에서 나를 징계하라고 외치고 다녔다. 그들은 수십 년 전부터 강단과 언론에서 대통령과 보수 정치인을 향해서 거침없는 비판의 목소리를 내왔다. 그러면서 내가 목회자로서 신앙의 양심에 따라 설교한 내용을 정치적 발언이라고 징계를 요구하는 것은 이 얼마나 이중적인 태도가 아닌가? 이것은 교회 성도들과 하나님께서 판단하실 것이다.

구약 성경의 3분의 1인 선지서를 보라. 그들은 왕과 지도자들을 향하여 언제든지 쓴소리를 가차없이 해 왔다. 그것 때문에 투옥되기도 하고, 순교를 했지만 멈추지 않았다. 신약과 초대 교회도 마찬가지다. 세례 요한은 물론이고 초대 교회 순교자들은 누구 때문에 순교했는가? 세상 권력과 그들의 정치에 찬성을 했으면 순교를 했을까? 주기철 목사님 등 순교자들도 일본의 정치 곧 신사 참배에 반대하지 않았다면 순교를 했겠는가?

근대 국가는 국민의 자유와 행복을 위해 세워졌다. 국민의 자유를 억압하고 개인의 자유를 억압하는 정부는 더 이상 가치가 없다. 설교 시간에 국가의 잘못된 정책에 대하여 설교하면 안 되고, 교회는 국가에 개입하지 말아야 된다는 말은 정교분리의 역사에 대하여 5페이지만 읽어도 잘못되었다는 것을 알 수 있는데도 자신들의 목적을 위하여 정교분리를 거꾸로 왜곡하고 있다.

급진 좌파들이 지금까지 외치고 성명서를 내며 정치적 목소리를 내온 것을 잊었단 말인가? 종교 개혁자 칼빈(John Calvin)은 제네바에서 거의 정교일치가 될 만큼 모든 면에서 영향을 미쳤고, 장로교의 아버지 존 낙스(John Knox)는 메리 여왕(Mary, Queen of Scots)을 설교를 통하여 비판하는 것을 주저하지 않았다. 종교 개혁자 훌리히 츠빙글리(Ulrich Zwingli)도 마찬가지였다.

정치가 교회를 통치하는 것에 반대하면서 아메리카 대륙으로 간 청교도들은 헌법 1조에 종교와 정치는 분리된다고 했다. 헌법을 초안한 토마스 제퍼슨(Thomas Jefferson)이 말한 것처럼 정교분리란 정치가 교회에 개입하지 않도록 하기 위한 조치였다. 그런데 지금 목회자의 설교를 문제 삼아 교회를 압수 수색하고 담임목사를 도주 우려가 있다고 인신을 구속하는 것은 정교분리에 명백히 위배되는 있을 수가 없는 일이다. 자기들 마음에 들지 않는 설교 내용을 트집 잡아 구속하는 것이야말로 종교의 자유를 말살하고 인권을 유린하는 것이 아니고 무엇이겠는가? 미국 언론에서 밝혔듯이 "이것이 북한이 아니고 자유 민주주의 국가라고 하는 대한민국에서 일어난 것이 큰 충격"이라는 말 그대로이다.

히틀러가 수권법으로 사법, 입법, 행정을 다 가지고 유대인을 6백만 명 이상 학살하고 자국민 청년들을 전쟁터에 내보내고, 3백만 명에 가까운 사망자를 내고, 제2차 세계 대전으로 8천만 명이 살상을 당할 때, 히틀러 내각은 정교분리가 아니라 교회를 통제하고 비판의 소리를 못 내게 했지만, 본회퍼나 고백교회 성도들과 같은 소수의 젊은 대학생과 교수들인 그리스도인들이 일어나 목소리를 내었다. 그런데 지금 대한민국은 과연 무엇을 하고 있는가? 역사를 통해 배우지 못하는 사람에게 그 역사는 자신의 생애에서 계속해서 되풀이 될 것이다. 스페인 태생 미국의 철학자 조지 산타야나(George Santayana)가 말한 "과거의 일을 기억하지 못하는 자들은 과거의 일을 반복하고야 만다"라는 경구는 영원히 잊지 말아야 할 것이다.

"과거를 망각하는 자는 반드시 그 과거를 되풀이 할 것이다(Those who forget the past are doomed to repeat it. 김동주, 기독교로 보는 세계역사, 1072)."

이 유명한 경구는 지금도 아우슈비츠 수용소 건물에 여전히 새겨져 있다(Ibid, 1072).

49

정치와 종교는 분리 될 수가 없다

 정교분리란? 한마디로 말해서 국가 권력이 종교에 대하여 간섭하지 않는다는 것이다. 정치와 종교가 분리될 수 있다고? 한반도의 위성 사진을 한번 보라. 누구나 한 번쯤은 보았을 것이다. 깜깜한 북한과 밝은 남한, 그것의 차이는 무엇인가? 북한에 종교가 있는가? 자유는 있는가? 교회나 사찰은 있는가? 그 차이가 무엇인가? 바로 한 단어 '정치'이다. 정치 체제가 모든 것에 영향을 미쳤다. 정치가 공산주의가 되는 순간에 자유도 종교도 사라졌다. 정치는 모든 영역에 영향을 미치기 때문에 결국 정치를 따로 떼내어 구분할 수가 없다.

당신이 설교 시간에 '물가'에 대해서 말했다고 치자. '물가' 문제는 정치인가? 아닌가? 물가는 누가 만들어 내고, 정책은 누가 만드는가? 정치인이 아닌가? 집값은? 자녀 등록금은? 차량 기름값은? 회사의 노동은? 이 세상에 일어나는 모든 문제가 정치와 상관이 없는 것이 과연 어디 있단 말인가? 정치를 빼고 설교를 할 수 있다고 생각하는가?

따라서 정치와 교회를 분리해야 된다는 것은 무식한 소리가 아닐 수 없다. 철학자 플라톤(Plato)은 "정치에 무관심하면 가장 저질스러운 인간에게 통치를 받아야 한다."고 역사에 길이 빛날 금언(金言)을 남겼다. 세상은 권력이 두려워서 말할 수 없을 때라도 교회만은 진리를 외쳐야 되지 않겠는가? 그것마저 입을 닫게 하겠다고? 이건 말이 되지 않는다. 지금 여당이 자기의 이

익을 위하여 행정, 사법, 입법을 사실상 다수결로 밀어붙이는 공포 정치, 독재를 하고 있는데, 국민의 한 사람으로서 목사가 비판도 못한단 말인가? 그들의 행위 하나하나가 교회와 우리의 자손들에게 엄청난 영향을 미치는데도 가만히 있을 수 있는가?

주권은 국민들로부터 나온다면서 주권자 국민이 그런 비판을 못하는가? 그것은 폭력을 행사하는 것도 아닌데, 신앙 양심으로 말하는데 그것을 법의 잣대로 인신 구속을 하는 것은 아마 이 나라의 자유가 무너지고 있다는 증거가 아니고 무엇이겠는가? 누구를 찍어라 말라 하는 말도 하지 않았는데, 이런 일이 일어난다는 것은 이미 독재가 시작되었다는 것을 보여준다.

여당 대표 정청래나 법사위원장 추미애가 하는 것을 보라.
법원을 압박하고 판사를 물러가라고 겁박하는 것을 보라.

법률로 헌법을 다 바꾸려 하는데 저래도 좋다는 말인가?

이런 나라를 후손들에게 과연 물려주고 싶은가?

마지막으로 말하고 싶다.

구약 선지자들의 설교는 그 당시 왕이나 지도자들이 볼 때는 정치적인 메시지였다. 마르틴 루터킹(Martin Luther King) 목사님의 설교는 그 당시 두말할 것 없이 정치적 설교였다. 그 결과 수많은 테러가 있었다. 그러나 오늘 누가 그의 설교를 정치적이라고 말하는 소리를 들어본 적이 있는가?

공공 기관에 성소수자 30%를 넣겠다고 하는 사람이 대통령으로 나와도 말 한마디 안 하는 그 목사야말로 정치적 이유 때문이 아닌가?

우리 아들 딸, 손자, 손녀들에게 동성애 교육을 시키고 반성경적 교육을 시키겠다는 교육감이 나왔는데도 말 한마디 하지 않는 당신은 그 이유가 무엇인가? 그것은 바로 당신이 너무나 정치적이기 때문이다. 자신의 비겁함을 돌아보지 않고 남을 비난하고 돌을 던지는 것은 더욱더 정치적인 이유 때문이 아닌가? 정교분리를 주장하지만, 반성경적 정책에 대하여 한마디 말도 하지 않는 것은 그 사람이야말로 역설적으로 너무나 정치적이기 때문이다.

부산 구치소에서
손현보 목사